1인 가구와 고령자를 위한 삶의 기록

나의 인생 노트

"이곳에 소풍 같은 내 삶의 발자취와 뜻을 기록합니다"

글쓴이 : _____

안심나라 www.anshim.co.kr

나의
인생
노트

펴낸날 2024년 5월 24일

지은이 권혁도
펴낸이 주계수 | **편집책임** 이슬기 | **꾸민이** 최송아

펴낸곳 밥북 | **출판등록** 제 2014-000085 호
주소 서울시 마포구 양화로 7길 47 상훈빌딩 2층
전화 02-6925-0370 | **팩스** 02-6925-0380
홈페이지 www.bobbook.co.kr | **이메일** bobbook@hanmail.net

© 권혁도, 2024.
ISBN 979-11-7223-016-6 (13190)

이 책은 내 삶의 여정을 잘 정리할 수 있도록
중요 항목별로 편집하였으며,

나의 건강 정보를 밝혀둠으로써
유사시 신속히 응급조치를 받을 수 있고

또한 평소에 내가 가진 생각을 기록해둠으로써
만약 내 의식이 혼미해지거나 잃더라도

나를 대신해 가족과 남은 이들에게 내 뜻을 전달하여
나의 인생 소풍이 평소 내 뜻대로 잘 정리되도록 도와줄 것이며
내 가족과 후손들이 내 삶의 기록을 올바르게 기억하게 할 것입니다.

성 명		서명(인)
주민등록번호 및 지문		지문(우무인)
주 소		
휴대전화	* 암호/패턴 :	
이메일	* ID/PW :	
긴급 연락자	성명 : 연락처 : 주소 :	
치매 지문 등록	등록 ( ) 미등록 ( )	

* 긴급 연락자는 작성자의 유사시에 일을 대신 해줄 믿을 수 있는 사람(배우자, 자녀, 친구 등)을 지정하시면 됩니다.

* 치매환자, 지적장애인 등은 보호자와 함께 가까운 경찰서, 지구대, 파출소를 방문하여 지문 채취 및 사진을 등록하시면 실종 예방에 도움 받으실 수 있습니다.

〈 홀로 생활 안심 10조 〉

제1조 – 나의 건강 정보와 긴급 연락처를 지참하자! (응급 상황 대비)

제2조 – 연명 의료, 호스피스에 관한 나의 의견을 밝혀두자!
  (치매, 사고, 의식불명 등 대비)

제3조 – 가진 것을 미리 정리하자!
  (필요한 물건, 버릴 물건, 나눠줄 물건, 기부할 재산 등)

제4조 – 나만이 아는 물건과 자산은 보관한 곳을 기록하자!
  (현금, 귀중품, 골동품, 암호화폐, 채권, 기타 등)

제5조 – 효도계약서를 쓰고 자식들에게 재산을 물려주자!
  (조건부 증여계약)

제6조 – 혹시 가족이 당할 불이익은 없는지 미리 살펴보자!
  (채무, 숨은 재산 등)

제7조 – 나만의 삶의 노하우를 전수하자! (미공개 비법, 기술 등)

제8조 – 디지털 정보는 간접 기록하자! (ID, PW 등은 이 노트에 직접 기록하지
  않고 다른 수첩 등에 적은 후, 수첩 보관 장소를 기록하는 방법 등)

제9조 – 유언서를 미리 작성하자! (자필 유언, 동영상 유언 등)

제10조 – 그 외 전할 말을 미리 기록해두자!
  (반려견, 장례, 제사, 축·부의록, 보험 등)

『나의 인생 노트』를 출간하며

'아름다운 이 세상 끝내는 날, 가서 아름다웠더라고 말하리라'는 천상병 님의 시(詩)의 마지막 구절에서 보듯이 누구나 자신에게 주어진 인생 소풍은 단 한 번 뿐이고 반드시 그 끝이 있습니다. 끝이 있기에 삶은 더욱 소중하고 아름다울 것입니다.

만약 어느 날 갑자기 내 삶의 끝자락에서 가족과 지인에게 꼭 해야 할 말이 문득 떠오른다면 얼마나 안타까울까요?

또 어느 날 예고 없이 나의 신상에 위급한 일이 닥쳤을 때 남은 이들이 겪는 혼란과 황망함은 얼마나 클까요?

우리나라는 인구 20% 이상이 노인이 되는 초고령 사회에 진입을 눈앞에 두고 있고, 노소를 불문하고 홀로 사는 1인 가구가 전체 가구의 약 40%에 근접함으로써 사회적 고립이 심화되고 우울증, 고독사 등으로 이들이 겪는 심리적 불안감은 현재 심각한 사회문제가 되고 있습니다.

더욱이 증가하는 외국인 근로자, 탈북민 그리고 위험직종에 종사하는 소방관, 경찰, 군인 등 이들은 자신의 안전과 불확실한 미래에 대해 늘 불안감을 안고 살아가고 있습니다.

이들이 체감하는 불안감의 근원에는 언제 자신에게 닥칠지 모르는 위험 상황이나 재난 등에 대해 미리 적절한 사전 준비나 대비가 안 되어 있거나 미흡한 데서 오는 것이 아닐까요?

불의의 사고를 당하거나 사망할 경우, 암 또는 치매에 걸렸을 때 어떻게 치료하고 조치할 것이며, 연명치료는 할 것인지 말 것인지?

나의 사업과 재산은 어떻게 상속하고 또는 기부할 것인지, 손때 묻은 나의 물건들은 누구에게 어떻게 나눠줄 것인지?

혹시라도 나로 인해 남은 이들이 갈등과 혼란을 겪거나 불이익을 받지 않도록 내가 미리 글 또는 말로 남겨두어야 할 것은 없는지?

나의 신체는 장기기증 또는 어떻게 장례 지낼 것이며 내가 키우던 반려견은 누가 보살필 것인지? 등

평소 못다 한 얘기들에 대해서 내 뜻을 미리 서면 또는 말로써 남겨두지 않은 데서 불안감은 더욱 커진다고 생각됩니다.

『나의 인생 노트』는 연령층에 관계없이 내가 이 세상에 와서 어떻게 살았는지에 대한 내 인생의 작은 역사책이며, 위급상황에 대비한 당부편지이자 나의 든든한 대변인이기도 합니다.

우산은 비 오기 전에 준비해야 하고 등불은 밝은 날 준비해야 한다는 말이 있습니다. 다시 못 올 소중한 나의 인생, 평소 건강하고 맑은 정신으로 미리 『나의 인생 노트』에 기록해둠으로써 막연한 우울과 불안으로부터 벗어나지 않으시렵니까?

감사합니다.

2024년 5월

안심나라 대표 **권혁도**

차례

✔

글쓰기 전에
꼭 읽어보세요!

『나의 인생 노트』란 무엇인가?

『나의 인생 노트』는 내가 건강하고 정신이 명료할 때 미리 작성해두는 내 삶의 발자취와 언젠가 이 세상 소풍을 끝낼 때를 대비하여 가족과 사회에 남기는 기록입니다.

나의 건강 정보와 연명 의료, 치매 요양, 호스피스와 같이 인생 후반을 순조롭게 보내기 위해 가족에게 남기는 유언서를 쉽게 작성하게 도와드립니다.

이 책은 언젠가 당신이 의식이 없을 때, 당신이 뜻한 대로 일이 처리되도록 돕습니다. 또, 남은 이들이 당신과의 함께한 추억을 상기하고 추모하는 소중한 기록으로 남을 것입니다.

『나의 인생 노트』는 왜 필요한가?

고령자, 1인 가구, 탈북민, 외국인 근로자 등 가족 없이 홀로 생활하다 갑작스러운 위급상황에 처했을 때 이 책을 통한 신속, 정확한 구조활동으로 생명을 구할 수 있으며 가족이나 연고자, 관계기관 등이 적절한 조치를 취할 수 있도록 도움을 줍니다.

천명을 다하고 이 세상을 떠날 때는 당신을 기리는 추모 자료로서의 가치를 지니며, 또한 재산 기증, 장기 기증, 시신 기증 등 함께 사는 세상이라는 공동체 정신의 숭고한 뜻을 실천할 수 있습니다.

상속에 관한 유언을 통해 자신의 평소 뜻에 따라 가족들에게 재산을 나눠 줄 수 있으며, 빚을 남겼을 때는 그 사실을 미리 기록해 가족들이 입을 피해를 사전에 방지할 수 있을 것입니다.

젊은 세대들이라면 불의의 사고에 대비하고 앞으로 어떻게 살아가야 좋을 것인지를 생각해보는 좋은 기회가 될 것입니다.

『나의 인생 노트』의 안전한 보관 방법은?

『나의 인생 노트』에는 나의 인생 이력과 중요한 개인정보가 담겨 있으므로, 필요한 경우 외에 내용이 공개되거나 분실되지 않도록 잘 보관하고 자신의 상황과 미리 써둔 의견이 달라질 때는 수정, 변경이 필요합니다.

2018년 7월 6일부터 일본에서는 자필 유언장을 국가에서 보관하는 제도를 시행하고 있지만, 아직 이런 제도가 없는 우리로서는 『나의 인생 노트』를 자신만이 아는 곳에(개인 금고, 책꽂이 등) 잘 보관하시면 되겠습니다.

– 보관 장소나 자물쇠 비밀번호 등의 기록을 남기는 요령 –

1. 휴대전화의 메모장에 기록하거나
2. 이메일의 '내게 보낸 메일함'에 남겨두거나
3. 거래은행의 대여금고 등에 보관해 유사시 가족과 지인이 쉽게 찾을 수 있도록 해야 합니다.

『나의 인생 노트』를 작성하는 요령은?

『나의 인생 노트』에 무엇을, 언제, 어떻게 기록할 것인지 그 선택은 모두 작성자의 마음에 달려 있습니다. 미주알고주알 기록하든, 중요한 사실만 간단히 적든, 수정하든 전적으로 작성자의 자유입니다.

장래에 발생할 수 있는 만일의 사태에 대비해 필요한 개인 정보, 재산 사항 그리고 간호 방식과 유품 정리, 장례 방법 등에 관한 의사를 미리 기록함으로써 안심되고 가족의 간병 활동과 사후 정리에도 도움이 될 것입니다.

『나의 인생 노트』에 항목과 양식이 제시되어 있더라도 마음이 내키지 않거나 불필요하다 여겨지는 항목 및 내용은 굳이 기록하지 않으셔도 됩니다. 마찬가지로 항목과 양식이 없더라도 자신이 기록하고 싶은 내용은 적당한 공란에 작성하시면 됩니다.

작성은 꼭 순서대로 하실 필요는 없습니다. 오로지 자신이 원하는 것만 작성하시면 됩니다. 또한 내용을 수정할 때는 두 줄을 긋고 그 옆에 수정일을 함께 기록하는 것이 좋습니다.(예컨대, 재산 관계를 수정하였다면 수정 후 도장을 찍으면 됩니다.)

1

응급 시를 대비한
나의 건강 기록

지금은 건강하지만, 갑작스러운 사고나 병으로 쓰러지거나 병원에 입원
하게 될 경우를 대비하여 혈액형과 꾸준히 복용 중인 약 등에 대한 의료
정보를 미리 작성한다면 응급 시에 신속한 도움을 받을 수 있습니다.

나의 신체 및 건강 정보

성 명	
주민등록번호	
주 소	
휴대전화	

키(신장)	cm	몸무게	kg
혈액형		혈압	

진단받은 질병
복용 중인 약
자주 다니는 병원 (주치의)

✚ 주의 사항

✔ 아스피린 등 복용 여부 :
✔ 자신이 가진 알레르기 반응 및 주의할 약물 :
✔ 기타 건강상 특이사항 등 :

기타

➕ 응급 시 조치 사항 (아래 비상 연락망으로 연락 바람)

| 긴급 연락자 1 | (본인과의 관계) |

| 연락처 | |

| 주 소 | |

| 긴급 연락자 2 | (본인과의 관계) |

| 연락처 | |

| 주 소 | |

| 긴급 연락자 3 | (본인과의 관계) |

| 연락처 | |

| 주 소 | |

2

내 삶의 발자취

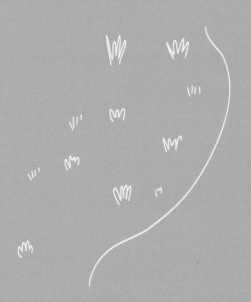
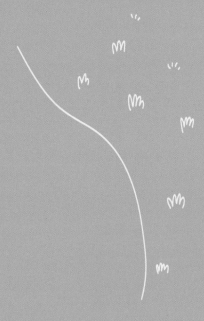

항목	내용
1. 나의 이력	출생지, 출신 학교, 직업, 경력 기타 개인사 등
2. 개인 정보	성명, 주소, 주민등록번호, 휴대전화번호, 이메일 주소 등 ⚠ 민감 정보 주의
3. 연고 사항	비상시 연락할 수 있는 가족, 친척, 지인의 연락처 등
4. 의료 사항	질병명, 가족과 의료진이 참고할 사항 등 (진단 / 치료 / 수술 이력 / 신체적 특이사항 / 알레르기 증상 / 아스피린 복용 여부 / 희귀 혈액형)
5. 보험 사항	보험 회사명, 가입 상품명, 보험증서(번호), 보험금 수령자 등
6. 재산 사항	부동산, 예금, 자동차, 주식, 귀금속, 골동품, 암호 화폐, 채권, 채무, 연금증서 등
7. 간병 희망	질병(치매/중풍)시 조치의견, 원하는 간호시설(호스피스 병원)과 간호 방법, 연명 의료에 대한 의견 등
8. 장례 희망	화장, 매장, 수목장 등 장례 방식 선택, 부고, 수의, 관 등 장례 물품 선택 및 구매, 제사에 관한 의견 등
9. 유품 정리	집, 보유 물건, 작품, 논문, 취미활동자료 등의 위치, 물품 처리 여부 및 방식
10. 디지털 정보	휴대전화 비밀번호 및 PIN 번호, 잠금 해제 패턴, 포털사이트 아이디와 비밀번호, 이메일 주소 등 ⚠ 민감 정보 주의
11. 가족. 지인에게 남기는 메시지	가족 또는 친구에게 남기는 사랑의 메시지, 반려동물에 대한 당부, 기타 평소 알리지 못한 사실 등

1. 나의 이력

출생지, 출신학교, 직업, 경력 외 기타 개인 이야기 등 본인이 기록하고 싶은 사항을 기록하시면 됩니다.

연필보다 볼펜처럼 지워지지 않는 필기구를 사용하여 적는 것이 좋습니다. 혹시 누군가가 책을 우연히 발견하여 쉽게 수정, 변경하여 정보가 왜곡되는 것을 막을 수 있기 때문입니다.

기록한 정보를 수정하실 필요가 있을 때는 두 줄을 긋고 수정하시고 수정 일자를 기록하는 것이 좋습니다.

나의 이력

이 름	(한문 :)
	(영문 :)
	* 본관 :
생년월일	
주 소	
출 생 지	
출신 학교	· _____ 초등학교 (년 ~ 년)
	· _____ 중학교 (년 ~ 년)
	· _____ 고등학교 (년 ~ 년)
	· _____ 대학교 (년 ~ 년)
	전공 : 과 전공
	학위 :
	· _____ 대학원 (년 ~ 년)
	전공 : 과 전공
	학위 :

기타 교육 이력 (해외 유학 / 이수 과목 / 자격 취득 사항 등)

예시

1. 1984년 – ○○대학교, 도시행정학과 석사 과정 수료

2. 1996년 – 미국 죠지아주 아틀란타(Atlanta) KOTRA 지사 파견
근무(△△시 상무관 자격으로)
* 파견 중 Georgia State University 어학 과정 연수
* 1998년 IMF 사태로 국내 복귀

3. 2001년 – 제12회 ◇◇사 자격증 취득 (NO. 2001-0000)

4. 2016년 – ◆◆사 자격증 취득 (NO. 1610000000)

기타 교육 이력 (해외 유학 / 이수 과목 / 자격 취득 사항 등)

기타 교육 이력 (해외 유학 / 이수 과목 / 자격 취득 사항 등)

직업 경력

근무처	근무 기간	소속	직급/직책	기타
예시 정부종합청사 ○○부	1981~1982	총무과	행정사무관	수습

군 경력

근무 부대	근무 기간	계급/직책	업무 내용	기타
예시 제0군단 ○○사령부	1975~1978	병장 제대 / 주특기 08	정보과 (FDC 근무)	관사 근무 6개월, 사진병 파견 1년

저서 / 논문 / 특허 / 자격증 / 상장 등

자신이 저술한 저서나 논문, 취득한 특허, 자격증, 상장 등에 대한 제목 또는 취득 연도 등을 기록 합니다.

예시

1. 2009년, 『꿈을 이루는 공부습관(기억의 비밀을 알면 공부의 원리가 보인다)』출판

2. 2011년, 『생생공부』 출판 (저자: ○○○, 출판: △△사)

3. 1999년, 제1회 <정보통신◇◇창업경진대회> 수상
* 정보통신부 장관상 수상
* 벤처기업 인증서

4. ◆◆시 근무 중 대통령 표창, 내무부 장관상 등 다수 수상

저서 / 논문 / 특허 / 자격증 / 상장 등

기타 남기고 싶은 사항

본인에 관한 신문기사, 방송출연 사진, 기타 자료 첨부

기타 남기고 싶은 사항

2. 개인 정보

주요 신상정보는 앞의 '나의 이력 사항'란이 있으므로 생략하고 휴대전화, 유선전화, 이메일 등에 대해 기록합니다. (아이디와 비밀번호 같은 민감 정보의 기록은 다른 곳에서 찾아볼 수 있도록 간접기록)

📱 휴대전화

- 번호 :
- 비밀번호 또는 패턴 :

☎ 유선전화 번호

- 자택 :
- 사무실 :

✉ 이메일

- 주소(도메인) :
- 아이디 :
- 비밀번호 :

기타 개인 정보

개인 금고나 은행의 대여 금고 등에 관한 사항

⚠ 소재지, 비밀번호 등 주의

예시

1. 자택 개인금고

- 현금, 귀중품, 중요서류 보관

* 비밀번호는 내 사무실 책상 서랍 두 번째 칸 초록색 수첩에 적어둠.

2. ▽▽은행(본점) 대여금고

- ○○시 ○○구 ○○동 00번지 소재

- 비밀번호는 사무실 2번 캐비닛 하단 서랍 장부에 기재함.

* 최근 생체인식으로 변경됨.(2023년 10월부터)

기타 개인 정보

기타 개인 정보

3. 가족 사항

이 세상에서 가족으로 인연 맺은 조부모, 부모, 배우자, 동거인, 자녀, 친척의 이름과 자신과의 관계, 연락처, 주소 등을 기록합니다.

가족 사항 (자신의 부모, 조부모, 배우자, 동거인, 자녀, 친척 등을 기록하세요.)

이름	관계	연락처	주소	기타 (생일, 제사 등)
예시				
최○○	조부	-	돌아가심	음력 4/1 제사
강○○	조모	-	돌아가심	음력 8/1 제사
최○○	부	-	돌아가심	음력 9/6 제사
김○○	모	010-0000-0000	○○시 ○○구 ○○동	음력 1938. 12. 20. 생
최○○	큰아들	010-0000-0000	△△회사 근무	양력 1987. 1. 1. 생
최○○	둘째아들	010-0000-0000	◇◇제과점(청진동)	양력 1989. 4. 3. 생
윤○○	동거인	010-0000-0000	○○동 ○○번지	경증치매 (잘 돌봐주기로 함)

가족 사항 (자신의 부모, 조부모, 배우자, 동거인, 자녀, 친척 등을 기록하세요.)

이름	관계	연락처	주소	기타 (생일, 제사 등)

가족 사항 (자신의 부모, 조부모, 배우자, 동거인, 자녀, 친척 등을 기록하세요.)

이름	관계	연락처	주소	기타 (생일, 제사 등)

4. 의료 사항

앞에서 '응급 시에 대비한 건강기록(의료정보)'에서 적지 못한 것이나 상세한 내용은 이곳에 기록하실 수 있습니다.

질병명/수술/치료 이력, 신체적 특이 사항, 알러지, 아스피린 계열약 복용 등 자신이 사고, 질병 등으로 위급한 상황을 당했을 때 가족/의료진이 긴급조치를 할 수 있도록 상세하게 기록하시는 것이 좋습니다.

사전연명의료의향서, 사전치매요양의향서, 호스피스 병원 이용 등 자신의 위급 시 원하는 의료행위에 대해서 미리 밝혀두는 의견입니다. (정식 법정 서식 아니어도 됨.)

보건복지부가 지정한 병원, 보건소 등에서 사전연명의료의향서를 작성하셨더라도 평소에 배우자나 자녀 등 보호자에게 자신의 연명의료에 관한 의견을 명확하게 밝혀두는 것이 마지막을 내 뜻대로 맞이할 수 있을 것입니다.

연명 의료에 대한 나의 의견

(정식의 사전연명의료의향서를 작성하였을 경우)

✚ 본인 _____ 는 보건복지부가 정한 정식의 사전연명의료의향서를 작성하여 정식으로 등록하였으니 그에 따라 조치하여 주시기 바랍니다.

(등록번호 :   )

20   년   월   일

이름 :   서명(인)

(정식의 사전연명의료의향서를 작성하지 않았을 경우)

✚ 본인 _____ 는 보건복지부가 정한 정식의 연명의료의향서를 작성하지 않았으나, 본인이 갑작스러운 사고로 임종과정에 있을 경우에는 심폐소생술, 인공호흡기 부착, 수혈, 혈액투석 등 단순히 생명연장만을 위한 치료를 거부하며 가족들도 나의 의견을 존중하여 이에 따라 주기를 바랍니다.

20   년   월   일

이름 :   서명(인)

의료 사항

혈액형, 몸무게, 신장, 질병, 진단/치료/수술 이력, 신체적 특이사항, 알레르기 증상, 아스피린 계열 의약품 복용 여부 등등 가족/의료진이 참고할 사항을 기록 하세요.

예시

1. 혈액형: AB형

2. 몸무게: 66kg

3. 키: 174cm

4. 질병: 변이성 협심증(2015년, △△대병원, 심장내과, 김○○ 교수 진단)
      당뇨병(2024년, ◇◇대병원, 신경내과 진단)

5. 복용약
- 변이성 협심증 약(2015년 이후 1일 2회 꾸준히 복용 중)
* 만약 심장발작이 있을 때는 내 휴대가방 속의 이소켓 스프레이를 찾아 혀 밑에 뿌려주길 바람. (병 꼭지를 3~4회 눌러줌) → 119 연락 바람.
- 전립선 비대증 치료약 (2013년 3월 이후 계속 복용 중)
* ◆◆중학교 부근 ▽▽배비뇨기과에서 진료
- 변비 증세 있어 마그밀 1일 3알씩 복용 중

6. 특이증상: 페니실린 계열 약 투여시 부작용 있음.

의료 사항

의료 사항

의료 사항

5. 보험 사항

자신이 가입한 보험회사, 보험 상품명, 피보험자, 보험금수익자와 보험증서 보관한 곳, 자신의 보험설계사 등을 기재하는 곳입니다.

보험 사항

보험회사	예시 △△손해보험
상 품 명	(무)간편 간병인 지원 보험
계 약 자	김○○
수 익 자	김○○
보험기간	2020. 2. 12. ~ 2055. 2. 12.
설계사 (연락처)	△△에셋, 류○○ 설계사 010-0000-0000
보험증서 보관한 곳	사무실 1번 캐비닛 상단 두 번째 파일

보험 사항

보험회사	
상 품 명	
계 약 자	
수 익 자	
보험기간	
설계사 (연락처)	
보험증서 보관한 곳	

보험 사항

보험회사	
상 품 명	
계 약 자	
수 익 자	
보험기간	
설계사 (연락처)	
보험증서 보관한 곳	

6. 재산 사항

자신이 보유한 부동산, 현금, 예·적금, 주식, 기타 자신의 모든 자산을 기록하는 곳입니다.

기본적으로 현금의 경우, 금액, 현금이 보관된 곳, 예·적금의 경우 은행명과 통장(신용카드)번호, 비번 등, 부동산은 소재지와 대출 및 저당권 설정 여부와 기타 자산의 내역을 확인할 수 있도록 기재합니다.

국민연금, 공무원연금, 군인연금, 교직원연금, 주택연금 등 자신의 수급 연금에 대해서도 기록해두면 좋습니다.

나중에 배우자나 자녀가 정부24 홈페이지 또는 행정기관(시청, 군청, 행정복지센터 등)를 방문하셔서 '안심상속원스톱서비스'를 이용하면 대부분의 재산상황을 파악할 수 있지만, 알려지지 않은 재산이나 자녀들이 꼭 알려야 할 사항이 있다면 미리 기록해두는 것이 좋습니다.

부동산

종류	소재지	규모	비고 (임대, 보증금, 월세 등)
예시 주택 (살고 있는 집)	○○시 △△구 ▽▽동 ◇◇아파트 000동 000호	49평형	
◆◆빌딩 (7층)	서울시 종로구 청진동 00번지	대지 785㎡ 건물 3,045㎡	*빌딩 임대 현황 1층: (보) 10억 / 월 5천만 2층: (보) 10억 / 월 3천만 3층: (보) 7억 / 월 2천만 4층: (보) 5억 / 월1천만 5, 6, 7층: 공실 합계 = 20억 / 월 3천만
경기도 임야	경기도 ○○군 △△면 산 00번지	약 2만 평	*부동산등기필증은 자택 개인금고 안에 보관함.

부동산

종류	소재지	규모	비고 (임대, 보증금, 월세 등)

부동산

종류	소재지	규모	비고 (임대, 보증금, 월세 등)

56

예금 / 적금 (비밀번호 등 민감 정보의 기록 여부는 본인 스스로 판단하세요!)

금융기관 명칭	예금/적금 종류 (명칭)	통장번호 (비밀번호)	통장/카드 있는 곳
예시 ○○은행	자유입출금	000 - 00 - 000 - 0000 - 0 (비밀번호는 자택 서가 좌측 상단의 바인더 수첩에 적어둠.)	사무실 책상 서랍 두 번째 칸
△△은행	매월 10만 원 자동이체		

예금 / 적금 (비밀번호 등 민감 정보의 기록 여부는 본인 스스로 판단하세요!)

금융기관 명칭	예금/적금 종류 (명칭)	통장번호 (비밀번호)	통장/카드 있는 곳

주식 / 수익증권 등

금융기관 (증권회사)	주식 종류 (명칭)	주식 수 등	거래 사이트/보관 장소 (기타, 아이디, 비밀번호 등)
예시 ○○증권	△△자동차 주	500주	○○증권(POP HTS) 사이트
빗썸 거래소	암호화폐 리플(RIPPLE)	2000주	* ID/PW/공동인증서 암호는 자택 개인금고 안 빨간색 수첩에 적어둠.
파이코인	파이코인	377주 (2024. 3. 6. 현재)	* 본인 휴대전화에서 24시간 채굴 중임. (매일 24시간마다 '채굴하기' 버튼을 눌러주어야 함.)

주식 / 수익증권 등

금융기관 (증권회사)	주식 종류 (명칭)	주식 수 등	거래 사이트/보관 장소 (기타, 아이디, 비밀번호 등)

현금

보관한 곳, 금액, 수증자 등 기록하고 싶은 내용을 기록합니다.

예시

1. 통장 이외 현금 2,000만 원을 자택 옷장 서랍 맨 아래 칸 우측 겨울 내의 안에 보관함.

2. 현금 1,000만 원은 싱크대 옆 냉장고 아래 바닥에 비닐 포장하여 테이프로 붙여둠.

* 만약의 경우에 내 병원 진료비, 치료비, 약제비 등으로 사용하고 남는 돈은 나의 간병을 맡은 둘째 딸의 몫으로 하기 바란다.
(2024. 2. 27. 기록)

현금

자동차

차종 (차량 번호)	등록증 있는 곳	보험 가입 현황	비고
예시 현대 산타페 SUV (16라 0000)	차량 앞 쪽 수납 박스 * 키는 평소 상의 주머니에 넣고 다님.	○○해상화재보험 (자동차종합보험) △△생명보험 (운전자보험) - 사무실 캐비닛 상단 파일에 증서 보관	2023. 8. 11. ~ 2024. 1. 20. 2024. 1. 20. ~ 2025. 1. 20.

자동차

차종 (차량 번호)	등록증 있는 곳	보험 가입 현황	비고

기타 물품 / 자산

물품/자산 명칭	소재지 (보관 장소)	규모 (개수/분량)	비고
예시			
손목시계(롤렉스)	자택 장롱 두 번째 칸	1개(박스 포장)	첫째 아들 ○○이가 가지기 바람.
금목걸이	자택 장롱 두 번째 칸	2냥	둘째 아들 △△이가 가지기 바람.
금열쇠(퇴직 기념)	자택 장롱 두 번째 칸	2냥	셋째 딸 ▽▽이가 가지기 바람.

기타 물품 / 자산

물품/자산 명칭	소재지 (보관 장소)	규모 (개수/분량)	비고

7. 간병 희망

노쇠하거나 질병으로 간호받아야 할 때 입원할 병원과 간병자 지정, 간병비용 등 자신이 바라는 간병 방법을 기록합니다.

본인이 치매에 걸리거나, 회생할 가망 없이 임종과정에 있을 때, 연명의료거부 여부에 대한 자신의 의견과 호스피스 병원 입원 등에 대한 자기 뜻을 함께 표시하고, 실제로 구체적인 의견서 작성은 뒤의 '10. 나의 사전의견서(의향서) 작성하기' 부분에서 작성합니다.

간병 희망

간병자, 간병 장소, 비용조달(보험), 연명의료 여부, 호스피스 병원 이용 등에 대한 자신의 의견을 적으세요.

예시

만약 내가 갑자기 사고, 질병 등으로 쓰러질 경우에는 막내 딸 ○○이가 나를 간병해 주기 바란다.

간병 비용은 △△생명의 간병비보험과 ▽▽은행의 내 통장 (018-00-000000-0) 의 예금을 사용해 주기 바란다.(자유입출금식이므로 비밀번호 0000을 눌러서 인출 가능)

그래도 모자랄 경우, 고향의 내 명의로 된 과수원을 처분하여 사용하길 바란다.

막내가 직접 간병하기 어려우면 좋은 간병인을 선택하여 맡기고 일주일에 한 번씩 들러주기 바란다.

만약 입원 중 내가 정신이 혼미할 때, 치료하더라도 정상적으로 살기가 어렵다는 의사 소견이 있을 경우에는 가족들이 의논하여 인공호흡기 부착, 심폐소생술, 중환자실 입실 등 불필요한 연명치료는 거부하니 꼭 내 의견을 존중해 주기 바란다.

다만 극심한 통증을 느낄 경우에는 반드시 진통제 처방을 바라며 생존 희망이 없을 경우에는 호스피스 병원(병동)으로 보내주기 바란다.

2024년 3월 8일

작성인 ○○○ (서명/인)

간병 희망

간병 희망

8. 장례 희망

화장, 매장, 납골, 수목장, 불교식 장례 혹은 기독교식 장례, 기타 자신
이 원하는 장례방식 및 제사에 관한 사항을 기록합니다.

실제로 구체적인 '사전장례의견서'는 후술하는 「10. 나의 사전의견서
(의향서) 작성하기」에서 작성하시기 바랍니다.

장례 희망

불교식, 기독교식, 화장, 매장, 납골, 수목장, 사십구재, 제사 방법, 묘비명 등

예시

내가 이 세상을 떠났을 때 반드시 화장하기를 부탁한다.

화장 후 골분은 내가 태어난 고향 땅 뒷산에 올라가서 바람에 날려 뿌려주기 바라며, 제사는 사양한다.

그래도 마지막 떠나보내는 너희들 마음이 아쉽다면 간소한 49재 정도는 괜찮겠지.

1년 중 설이나 추석 명절에 차례를 지낸다면 밥 한 그릇, 국 한 그릇 올려놓고 잠시 나를 회상하는 것은 너희 뜻에 맡기겠다.

고향 뒷산에서 산골 한다면 묘비명이 무슨 소용이겠냐만 내 마음의 묘비명은 이렇게 얘기하고 쓰고 싶구나.

'이제 소풍을 끝내고 왔던 곳으로 돌아간다. 그동안 함께해 즐거웠다, 고맙다.'

2024년 3월 8일

작성인 ○○○ (서명/인)

장례 희망

장례 희망

9. 유품 정리/분배

부동산과 금융자산 이외의 자신이 소유한 물건들을 누구에게 줄지, 어떻게 처리하면 좋을지 자신의 생각을 적어 두는 것이 좋습니다.

법적 효력이 있는 유언사항은 아닐지라도, 남은 가족들이 존중하여 따른다면 문제 될 것이 없을 것입니다.

쓸모없는 것은 생전에 미리 자신이 처분하는 것이 좋으며, 거주하던 집과 전세보증금 등에 대해 자녀들이 갈등하지 않도록 정리하는 것이 좋습니다.

유품 정리 / 분배

유품명	보관 장소	받을 사람 (연락처)	전하는 말
예시 자동차 - 제네시스 / 153다0000 부동산 1) 단독주택 (120평) 2) 밭 (2필지/700평)	 자택 차고 ○○시 △△구 ▽▽동 ▼▼번지 ○○도 △△면 ▽▽리 ▼▼번지	 첫째 ☆○○ (010-0000-0000) 둘째 ☆△△ (010-0000-0000) 셋째 ☆▽▽ (010-0000-0000)	1. 만약 너희들이 합의하지 않으면 이곳에 기록한 것만으로는 법적으로 효력은 없겠지만 이렇게 나누는 것이 내 뜻이니 헤아려 주기 바란다. 2. 부동산은 별도로 자필 유언서와 휴대폰 동영상으로 촬영(녹음)한 것을 USB에 저장하여 사무실 2번 캐비닛 아래 서랍에 보관함. (유언집행인은 친구 ▼▼▼으로 정해둠.) * 만약 분실, 멸실 등의 경우에는 대구 ◇◇행정사 합동사무실의 ☆☆☆ 안심나라 행정사 에게 복사본을 맡겨 두었으니 찾기 바람.

유품 정리 / 분배

유품명	보관 장소	받을 사람 (연락처)	전하는 말

유품 정리 / 분배

유품명	보관 장소	받을 사람 (연락처)	전하는 말

10. 디지털 정보

자신이 사용하던 휴대전화, 컴퓨터, 태블릿PC와 증권, 암호화폐 등 자신이 이용하는 웹 사이트 등의 아이디, 비번을 적어두시면 유족에게 도움이 될 수 있습니다.(보안이 우려될 경우, 이 노트에는 ID, PW를 적은 수첩이 있는 곳을 기록하는 것이 좋습니다.)

신용카드, 체크카드의 경우, 정보 분실을 대비해 사전에 정보를 기록합니다. (카드명/상담전화번호/카드번호/연동계좌/비밀번호는 자신만 알 수 있게 일부만 기록하거나, 보관장소 등을 간접 기록)

단, 자신이 판단하여 개인 금고나 계좌비밀번호 등 민감한 개인정보는 타인에게 노출될 우려가 있을 경우, 기록하지 않는 것이 안전합니다.

디지털 정보

기기 종류 /웹사이트 도메인 등	아이디/비밀번호/생체인식	비고
예시		
1. 데스크탑 컴퓨터 - 네이버 메일 (abc1234@naver.com) - 네이버 MY BOX	암호 : 0000 - ID : abc1234/PW : 12345678 - 비밀번호 : 12345678	△△동 사무실 책상 위 컴퓨터
2. 안심나라 웹사이트 - 도메인 (https://www.anshim.co.kr/)	관리자 비밀번호 : 1234****	
3. 노트북 / 태블릿PC	암호 : 1234**** (둘 다 동일한 비밀번호 사용)	집에서 사용 중인 노트북/자동차에 두고 사용하는 태블릿PC
4. 휴대전화	패턴 잠금 방식 (패턴은 서가 수첩에 기록해둠)	

디지털 정보

기기 종류 /웹사이트 도메인 등	아이디/비밀번호/생체인식	비고

디지털 정보

기기 종류 /웹사이트 도메인 등	아이디/비밀번호/생체인식	비고

11. 가족·지인에게 남기는 사랑의 편지

평소 하고 싶었으나 미처 하지 못했던 중요한 말, 당부하고 싶은 말 등 여러 가지가 있을 것입니다.

특히 누군가에게 전하지 못한 고마움의 말, 칭찬의 말, 응원과 격려의 말, 무엇보다 자신의 잘못에 대한 사죄와 용서를 구하는 말, 화해의 말 등을 남기면 상대방의 맺힌 마음을 풀 수 있을 것입니다.

또한, 미성년자 자녀의 양육에 관한 부탁이나 반려견을 누가 맡아서 키울 것인지 등등, 무엇이든 자기 생각을 남길 수 있습니다.

가족·지인에게 남기는 사랑의 편지

가족, 친척, 친구 등 지인에게 전할 말을 기록하세요.
연락처에 전화번호 또는 주소를 적어두면 쉽게 전달할 수 있습니다.

예시

☆○○ / ☆△△ 에게	연락처 010-0000-0000 / 0000-0000

사랑하는 우리 두 딸, 머나먼 미국에서 각자 힘든 과정을 거쳐 무사히 졸업하고 귀국하여 당당하게 세상을 헤쳐 나가는 너희들을 보니 참 장하다는 생각이 든다.

IMF시절 아빠의 사업이 잘못되어 너희들 유학 시절까지 고생만 시킨 것 같아 지금껏 아빠 노릇을 제대로 하지 못한 점이 내내 미안한 마음을 떨쳐버릴 수가 없구나.

이젠 너희 둘 다 안정된 직장에 자리 잡았으니 앞으로 모두 좋은 사람을 만나 행복한 가정을 잘 꾸려갈 수 있다고 믿는다.

아빠는 그동안 너희와 함께한 모든 추억을 떠올려보니 참으로 행복한 인생이라는 생각이 든단다.

앞으로도 지금처럼 사이좋게 지내고, 당당하고 행복하게 살아가기만을 바란다.

고맙고 사랑한다.

2024년 3월 8일

작성인 ○○○ (서명/인)

에게　　연락처

에게 ┃ 연락처

에게	연락처

에게	연락처

3

기억에 남는
추억 / 에피소드

내 삶의 과정에서 기억에 남는 일과 재미있는 에피소드, 아름다운 추억
등을 기록해두거나 사진을 남기면 가족들에게도 나에 대한 이야깃거리
나 아름다운 추억으로 오랫동안 간직할 수 있을 것입니다.

기억에 남는 추억 / 에피소드

시간과 장소, 일어난 일 등을 기록하세요.

예시

1. 큰딸 ○○이가 ATLANTA AUSTINE ELEMENTARY SCHOOL 3학년 때 학교 축제에서 바이올린을 들고 합창단원과 함께 연주할 때 너무 자랑스럽고 잘 적응하는 모습이 가슴 벅찼었어.

2. 둘째 △△와 함께 샛노란 은행잎이 끝없이 깔린 황금빛 공원 숲속에서 함께 장난치며 뛰놀던 기억이 너무 기분 좋았고 기억에 선명하게 남아 있어.

3. 어디더라? 지명은 기억나지 않는데, 바다 같이 넓고 끝이 보이지 않는 수평선이 있는 호수에서 여름휴가를 즐겼던 추억.
모터보트를 빌려서 어린 ○○이가 (8세? 9세?) 때를 쓰면서 자기가 키를 잡겠다고 해서 주었더니 겁도 없이 운전해서 호수 위를 달리던 기억이 새록새록 떠오르네.
그곳에 처음 입장할 때는 어둑한 저녁이어서 진입 교량 양쪽에 현란한 LED 조명이 환상적이었지.
한국에 돌아가면 ◇◇시에도 건의해서 한번 개발했으면 하는 마음을 먹곤 했어.(LED로 연출되는 사슴, 기린, 사자, 원숭이 등 머리 위로 휙휙 뛰어넘는 모습도 참 좋았고 말이야.)

기억에 남는 추억 / 에피소드

기억에 남는 추억 / 에피소드

4

나의 인생에서
보람 있었던 일들

이 세상에 태어나 살아오면서 내가 했던 일, 겪었던 일 중 자랑스럽거나 보람 있었다고 생각되는 일이 있다면 남은 가족들에게도 좋은 추억이 될 것입니다.

나의 인생에서 보람 있었던 일들

스스로 보람 있다고 생각하는 일 또는 성취한 일 등을 기록하세요.

예시

1. 대학 재수하면서 부모님 애를 먹이다가 결국 ○○대 법대에 입학하게 되었을 때, 조금이라도 효도했다는 생각에 보람을 느꼈다.

2. 작은 외할아버지가 사시던 이문동에서 하숙하고 있을 때 △△고시에 합격했다는 소식을 아버님이 먼저 아시고 기뻐하시면서 내게 전화 주셨을 때 "아 이제 지긋지긋한 공부는 끝났다"는 생각에 너무 기뻤다.
그동안 공부는 등한시하고 친구들과 술 마시며 걱정 끼쳐 드린 점에 대해 조금은 보답한 것 같아 마음이 가벼워졌고, 절과 도서관에서 보낸 힘든 공부와의 씨름에서 보상받는 느낌이랄까? 마냥 참 좋았다.

3. 큰딸 ○○이와 작은딸 △△가 미국 LA에서 무사히 졸업한 후 2년 만에 공항에서 만났을 때 정말 기뻤고 이게 바로 사는 보람이구나 하고 느꼈다.
특히 둘이 송해 씨가 진행하는 전국노래자랑에서 인기상 받았을 때 참 좋았지. 이때 친구들에게 술 한턱 쏘았다. ^^

나의 인생에서 보람 있었던 일들

나의 인생에서 보람 있었던 일들

5

나의 인생에서
아쉬웠던 일들

나의 과거를 돌아보았을 때 "아 그때 내가 이렇게 했더라면 좋았을 걸" 하는 실수나 실패에 대한 후회나 아쉬움을 솔직하게 기록하는 곳입니다.

만약 다시 할 수 있다면 이렇게 했을걸 하는 회한과 자신의 잘못에 대한 용서와 화해를 구하는 말도 좋습니다. 부모님과 자녀와의 관계, 자신의 사업, 교우관계, 직업선택 등 다양한 일 들이 있을 수 있겠지요.

이런 내용은 남은 가족들에게도 반면교사, 교훈이 될 수 있겠지만 굳이 알리고 싶지 않다면 적을 필요가 없을 것입니다.

나의 인생에서 아쉬웠던 일들

예시

1. 부모님과 동료들의 만류에도 불구하고 기어이 벤처기업을 하겠다고 잘 다니던 철밥통(?) 직장을 그만두고 뛰쳐나온 일.
너무나 어리석고 즉흥적이었으며, 조상님과 부모님께 불효를 저지름. 나름 적성에 맞지 않았어도 그런대로 직장에 적응해 가던 중이었는데…

2. 대학 진로 선택 시 내 적성대로 이공대를 선택하지 못했던 것이 아쉬움으로 남는다. 물론 색약이어서 이과 선택은 어려웠을 테지만…

3. 내 인생에서 결코 하고 싶지 않았던 이혼을 어쩔 수 없이 하게 된 점.
부모님 가슴에 대못을 박고 아이들에게도 못 할 짓을 했다는 자책감을 지울 수가 없다.
후회한들 소용없는 일. 후회도 미련도 지우고 또 다른 나의 인생을 살아가기 위해 열심히 노력하는 중임. 아이들에게 미안하고 미안하구나.

4. 평생 나를 따라다니며 밥해주며 거두어 주신 할머님과 나와 동생들을 위해 뼈 빠지게 일하시고 살 만해서는 54세라는 이른 나이에 돌아가신 아버님 그리고 치매로 노후를 우울하게 보내시다 가신 어머님께 효도해드리지 못한 점이 한으로 남는다.

나의 인생에서 아쉬웠던 일들

나의 인생에서 아쉬웠던 일들

6

꼭 해보고 싶은 일들
- 버킷리스트 -

여행하고 싶은 곳, 경험하고 싶은 일, 이루고 싶은 일 등 평소 해보고 싶었으나 못한 일, 앞으로 나의 생에서 꼭 해보고 싶은 일이 있다면 적어보세요. 그리고 하나하나 실천해 보시기를 권합니다.

당신의 남은 삶에 꿈과 의욕을 북돋우고 보람을 가져다 줄 것입니다.

꼭 해보고 싶은 일들

예시

1. 유럽과 몽골 쪽으로 배낭여행 가기.
(특히 몽골에서 텐트치고 밤하늘의 별빛을 실컷 바라보고 싶다.)

2. 중국 만리장성 온종일 걸어 올라 보기와 황하강, 양쯔강 둘러보기.

3. 파리 에펠탑과 센강 그리고 루브르 박물관 관람하기.

4. 미국 옐로우스톤 국립공원에서 노천 온천 즐기고 동물 구경하기.

5. 미국 미시시피강에서 마크 트웨인의 톰 소여의 모험, 허클베리 핀의 모험 배경 지역 둘러보기.

6. 필리핀, 베트남, 태국 등 동남아시아 지역에 별장처럼 집을 빌려서 1년 동안 살아보기.

7. 산속에서 자연인처럼 1년 동안 살아보기.

꼭 해보고 싶은 일들

꼭 해보고 싶은 일들

7

내가 이 세상에 없을 때
가족들이 꼭 알아야 할 것

만약 내가 이 세상에 없을 때 내가 한 일로 인해 가족이 금전적, 정신적 손해를 보거나 또는 그 사실을 몰라서 피해를 입는 일이 없을까 한 번 생각해 볼 필요가 있습니다.

예컨대 혼외 자식이 있는 경우, 큰 빚을 지고 있는 경우, 자신만의 노하우나 정보 등 자신만이 알고 있는 중요한 비밀사항이 있는 경우가 있을 것입니다.

이런 경우를 생각하여 그 사실과 자신의 뜻을 밝혀 두는 것이 도움이 될 것입니다. 특히 유산보다 빚이 많을 경우에는 반드시 자녀나 가족들이 상속포기 또는 한정승인을 할 것을 알려 주는 것이 좋은 방법이 될 것입니다.

내가 이 세상에 없을 때 가족들이 꼭 알아야 할 것

예시 ①

- 예금통장에 대해서

○○○에게

나에게 갑자기 무슨 일이 생겼을 때, 내 통장(△△은행 000-00-000000-0)에서 입원비, 치료비 등에 사용하기 바란다.

* 내 통장은 자유입출금식이므로 급할 경우, 비밀번호(내 책상 서랍 첫째 칸에 들어 있는 수첩에 적어 놓았음)를 입력하고 우선 출금하면 된다.

예시 ②

- 패물, 귀중품 등에 대해서

내 반지, 목걸이, 귀걸이 등 패물은 장롱 두 번째 서랍 오른쪽 작은 박스 안에 넣어 두었으니, 찾아서 아직 시집가지 않은 큰딸 ○○이에게 주기 바란다.

예시 ③

- 반려견에 대해서

만약 내가 사고 등으로 의식불명이 되거나 사망할 경우, 내가 키우던 '백구'를 둘째딸 △△가 거두어 키워주면 고맙겠구나.

예시 ④

- 채권·채무(빚)에 대해서

1) 친구 ◇◇◇에게 2020년 5월경에 500만 원을 빌려주었으니, 큰아들 ▽
▽이가 받아서 치료비에 보태쓰기 바란다.(차용증 없음)

2) 부산 ▼▼ 이모님께 300만 원을 2021년 3월 1일에 빌렸으니, 큰아들 ▽
▽이가 대신 갚아주기 바란다.

예시 ⑤

- 유언장 보관 장소에 대해서

◆◆가정법원 입구에 있는 ☆☆법률사무소에 내 유언장을 공정증서로 작
성하여 보관해 두었으니, 내가 사망할 경우 직접 찾길 바란다.

예시 ⑥

- 유언 동영상 보관 장소에 대해서

○○아, 너에게 남기는 유언 동영상을 ▲▲은행 △△지점의 대여금고에 맡
겨 놓았다.
* 비밀번호는 내 휴대전화 메모장에 기록해두었다.

예시 ⑦

- 보험금에 대해서

내가 의식불명이 되거나 사망한 경우 ◇◇보험금은 첫째 아들 ▽▽(수령인)이가 찾아서 병원비와 장례비용에 충당하고 나머지는 나를 간병하는데 고생한 셋째 며느리에게 주기 바란다.

예시 ⑧

- 적금통장에 관해서

내가 갑자기 입원하거나 응급 시, 내 적금통장(▲▲은행 000-00-000000-0)에서 돈을 찾아 입원비와 치료비 등에 사용하기 바란다.
* 통장은 내 사무실 책상 첫째 칸에 있고 비밀번호는 내 바인더 수첩 표지 뒷면에 적어두었다.

예시 ⑨

- 한정승인에 대해서

사업상 ▲▲은행과 △△주식회사에 약 50억 원의 부채가 있어 내가 가진 공장과 주택 그리고 부동산과 현금을 모두 합하더라도 갚지 못할 것으로 보인다. 따라서 내가 사망한 후 3개월 이내에 반드시 큰애가 한정승인하고 동생들은 모두 상속 포기하기 바란다. 그렇지 않을 경우, 너희와 삼촌, 사촌들까지 금전적 손실을 보게 될 것이니 꼭 지켜주기 바란다.

2024년 3월 11일 아빠가.

예시 ⑩

- 알려지지 않은 땅에 대해서(차명 부동산)

◇◇도 ▽▽시 ○○동 00번지에 2필지에 2만 평 임야가 있다.

실소유주는 나지만, 친구 △씨(▽▽시 ○○동 00번지 거주)의 이름을 빌려

서 사 두었다.

그 사실을 증명하는 계약서를 ◆◆은행 대여금고에 맡겨두었다.

* 대여금고 비밀번호는 내 비밀번호 전용 수첩에 적어두었다.

예시 ⑪

- 부의록에 대해서

부의록은 내 서재의 책장 맨 위 칸의 맨 오른쪽에 꽂혀 있으니, 앞으로 부

조할 일이 있을 때 참고하기 바란다.

예시 ⑫

- 휴대전화 패턴 및 비밀번호에 대해서

내 휴대전화는 ☆사 ★기종이며 비빌번호는 '0000'이니, 내게 유고가 있을

때 열어 보기 바란다.

예시 ⑬

- 친구에게

대학 시절 같이 살던 방의 월세 문제로 너와 다툰 일에 대해 진심으로 사과하고 싶다. 나의 좁은 소견을 용서해주면 고맙겠구나.

* ○○아. 이 글을 친구 △△이에게 전해주기 바란다.

(연락처: 주소:)

예시 ⑭

1. △△은행 대여금고에 중요증서, 채권 ,채무에 관한 계약서, 차용증, 등기필증 등 보관함.

2. 내 회사와 거래하던 ◇◇기업 ▽▽▽상무에게 2,000만 원 빌려줌.
(2018년 7월 18일) 다급하게 부탁하기에 차용증 없이 빌려주었음.
(▽▽▽상무 연락처: 010-0000-0000)

3. 정년퇴직 때 받은 약 금 두 양의 행운의 열쇠는 사무실 2번 캐비닛 아래쪽 서랍에 보관함.

4. 일본의 거래처로부터 선물 받은 금괴(200g짜리 2개)는 사무실 금고 아래쪽 서랍에 넣어둠.(비밀번호는 자택 서재의 개인금고 속 초록색 수첩에 적어둠.)
* 개인금고의 비밀번호는 사무실 컴퓨터 바탕화면의 [개인정보] 파일에 적어두었음. (2024. 3. 20. 기록)

내가 이 세상에 없을 때 가족들이 꼭 알아야 할 것

내가 이 세상에 없을 때 가족들이 꼭 알아야 할 것

내가 이 세상에 없을 때 가족들이 꼭 알아야 할 것

8

남기고 싶은 말

나의 가족과 지인에게 남기고 싶은 말 또는 이 사회나 국가발전을 위해 꼭 하고 싶은 말이나 세상이 알았으면 하면 일이 있다면 기록하는 곳입니다.

비록 자신은 떠나지만 남은 이들을 위해 조금이라도 도움 될 수 있는 아이디어나 노하우, 자신만이 알고 있는 비밀, 이 사회가 이렇게 변화했으면 좋겠다는 의견이나 제안, 언론을 통해서 알리고 싶은 것, 살면서 억울했던 일 등 무엇이든지 남길 수 있을 것입니다.

또한 미리 재산기증, 장기나 시신기증 등에 대해서 법적효력 있는 유효한 절차를 밟아두는 것이 좋지만, 만약 그렇지 못했더라도 이곳에 자신의 의견을 밝혀두면 남은 가족들과 의료진의 협조가 있다면 숭고한 자신의 뜻이 반영될 수 있을 것입니다.

남기고 싶은 말

가족, 지인, 사회, 국가, 재산 기부, 장기기증, 비밀 등
예시

1. 종로에 있는 ○○빌딩은 나의 모교 △△대학에 기증하기 바람.(유서는 따로 준비하지 않았으나 큰아들 ▽▽이가 동생들과 협의하여 나의 뜻을 따라주기 바란다.)

2. 정식으로 관계 기관과 장기 기증 서약은 하지 못했지만 내가 세상을 떠날 때는 나의 장기를 꼭 필요한 사람에게 주고 떠나고 싶구나. 가족들 모두 뜻을 모아서 내 뜻을 존중해주기 바란다.

3. 내가 냉면 전문 식당을 운영하면서 그 비결은 아무에게도 전수하지 않고 내 방의 금고 안 수첩에 기록해 두었으니 둘째 ◇◇가 배워서 가업으로 이어가기를 희망한다.

4. 아내가 떠난 후 나와 함께 동거 생활을 한 ☆☆☆ 씨는 나에게 정말 헌신적이었다. 내가 떠났을 때, 나와 함께 살던 ○○구 △△동 ▽▽아파트(33평형)는 그녀에게 등기이전 해주기 바란다.
* 이 일은 큰아들 ▽▽이가 동생들과 잘 의논하여 책임지고 이행해 주기 바란다.

5. 일본 홋카이도에 징용 갔던 작은 할아버지의 큰아들 ◇◇◇(현재 일본 오사카에 거주)의 연락처를 적어두니 후에 연락하여 만나 보기 바란다.
(연락처: +81-542-000-0000)

남기고 싶은 말

남기고 싶은 말

남기고 싶은 말

9

미리 알리지 않은
자산에 대해서

현재 안심상속원스톱서비스 제도가 시행되어 공부상 기록된 재산은 자신이 떠난 후 유족이 확인할 수 있습니다만, 자신이 미리 알리지 않으면 가족들이 알 수 없는 자산이나 물건들이 있을 수 있습니다.

예컨대 귀중품, 골동품, 고서적, 현금, 암호화폐, 주식, 골동품, 부동산 기타 물건 및 특허권, 저작권 등 권리는 그 종류, 소재지 및 관련서류와 보관장소 등에 대한 정보를 남겨 두면 남은 가족들의 상속에 도움을 줄 수 있습니다.

개별 자산에 대해 누구에게 남겨 주는지는 다음에 후술하는 정식의 유언서 형식을 갖추어 작성하여야겠지만 작은 물건에 대해서는 각각 받을 자를 지정할 수도 있을 것입니다.

미리 알리지 않은 자산에 대해서 (부동산, 물건, 채권 등 권리)

종류	소재지 (보관 장소)	비고
예시 암호화폐	이더리움 1,200개 (빗썸거래소)	ID: abc1234 / PW: 1234abc
골동품	상감매화문양 고려청자 1점	거래 통장 : (농협) 000-000000-0
부동산	임야 약 12,000평 *소재지 : ○○도 ○○군 ○○면 ○○리 ○번지	- 임야는 아이들 삼촌 ▽▽▽과 1/2 씩 공동 소유로 등기 되어 있음. * 등기필증은 사무실 2번 캐비닛 아래 서랍에 보관.

미리 알리지 않은 자산에 대해서 (부동산, 물건, 채권 등 권리)

종류	소재지 (보관 장소)	비고

미리 알리지 않은 자산에 대해서 (부동산, 물건, 채권 등 권리)

종류	소재지 (보관 장소)	비고

미리 알리지 않은 자산에 대해서 (부동산, 물건, 채권 등 권리)

종류	소재지 (보관 장소)	비고

10

나의 사전의견서(의향서)
작성하기

치매 요양 / 연명 의료 / 장례 등

사전의견서(의향서)는 자신의 미래에 발생할 수도 있는 사고나 질병이 실제로 발생하였을 경우에 이렇게 해주면 좋겠다는 평소의 의견을 미리 구체적으로 밝혀두는 글이라 할 수 있습니다.

예시) 치매 요양 의견서, 연명 의료 의향서, 호스피스 의견서, 후견인 지정 의견서, 장례 의견서 등 다양하게 작성하실 수 있습니다.

약칭 '연명의료결정법'에 의해 국가에서 정한 기관에 방문하여 정식의 절차를 거쳐 작성한 연명의료의향서는 법적효력이 있지만, 이곳에 작성한 사전의견서는 법적효력은 없지만 자신이 의식이 없거나 세상을 떠났을 때 가족들이 혼란스럽지 않고 불필요한 갈등 없이 처리를 하는 데 도움을 줄 수 있습니다.

사전 치매 요양 의견서

2025년 우리나라도 초고령 사회로 접어들게 되어 치매환자 수가 급증할 것으로 예상되고 있습니다.

노인들이 가장 무서워하는 질병 중 하나가 치매라고 합니다. 누구나 치매에 걸리지 않기를 바라는 마음은 간절하겠지만 만약 내가 치매에 걸린다면 어떻게 할 것인가에 대한 최소한의 대비가 있어야 하겠습니다.

본인이 건강하고 맑은 정신일 때 미리 『나의 인생 노트』에 사전 치매 요양 의견서를 작성해둔다면 자신의 존엄한 노후를 지킬 수 있고, 가족들의 생활마저 무너뜨리는 과다한 고통과 간병부담을 지게하지 않을 수 있으며, 치매환자 전문 간병 시설 입소 여부, 호스피스 병원 입원 등에 대한 가족들의 의사결정(선택)에 도움을 줄 수 있습니다.

사전 치매 요양 의견서

예시

1. 내가 만약 치매에 걸린다면, 가족과 사회에 될 수 있으면 부담을 최소화하여 가족과 함께 지내기 바라며, 가능한 한 병의 진행을 늦추기 위한 노력을 해주기 바란다.

2. 만약 병이 중등(中等) 정도에 이르고, 가족 중 누군가 나를 전적으로 돌봐야 할 정도가 되면, 주저하지 말고 경제적으로 큰 부담이 되지 않는 적절한 수준의 요양기관에 입소시켜주길 바란다.

3. 병이 중증으로 진행되어 가족을 알아보지 못하고, 스스로 가리지 못하며, 간병에 어려움을 주는 이상한 행동을 보이는 경우, 연명을 위한 모든 치료를 중단하고 생명유지를 위한 최소한의 음식만 공급하길 바란다.

4. 이러한 나의 뜻을 실행하는 과정에서 윤리적, 법적 문제가 발생한다면 관련 전문가들은 이를 원만하게 해결하는 데에 도움을 주길 바란다.

2024년 3월 12일

작성자 :   홍 길 동   (주민등록번호: 660000-0000000)

주 소 : ○○시 ○○구 ○○동 ○○아파트 000동 000호

* 첨부: 신분증 사본 또는 본인 확인 자료

사전 치매 요양 의견서

년   월   일

작성자 :   (주민등록번호:)

주 소 :

사전 치매 요양 의견서

년   월   일

작성자 :   (주민등록번호:)

주 소 :

사전 연명 의료 의견서

정식 '사전 연명 의료 의향서'는 2018년 2월 4일부터 시행된 약칭 <연명의료 결정법>에 따라 만19세 이상의 성인이 보건복지부가 지정한 연명의료기관에 방문하여 충분한 설명을 듣고 작성하고 연명의료정보처리시스템의 데이터베이스에 보관되어야 비로소 정식의 법적효력을 인정받을 수 있습니다.

사전연명의료의향서 등록증

성   명   홍길동 (1962.07.15)
등록번호   R12-12345
등록기관   (재)국가생명윤리정책원
등 록 일   2018. 09. 28

정식 '사전 연명 의료 의향서'는 본인이 직접 방문하여 작성하고 등록해야 하는 등 번거로운 절차가 필요하지만, 만약 무의미한 연명의료행위에 대한 거부 의견을 『나의 인생 노트』에 미리 작성해둔다면 갑작스러운 상황발생 시에 가족들에게 평소의 자신의 뜻을 전달할 수 있습니다.

* 사전 연명 의료 의향서는 언제든지 수정, 변경 하실 수 있습니다.

이 경우 가능하면 연명 의료 의견서 서면상에 가족 2인 이상의 서명을 미리 받아 두면 더욱 좋을 것입니다.

사전 연명 의료 의견서

정식 사전 연명 의료 의향서가 없을 경우에 작성

예시

내가 갑자기 쓰러져 회생 가능성 없는 중태에 빠지거나, 임종 직전에 처하면, 단순히 생명을 연장하기 위한 <다음>의 무의미한 의료조치를 거부합니다. 다만, 고이 돌아갈 수 있도록 도와주는 통증 완화조치는 해주시기 바랍니다.

<다음>

심폐소생술, 인공호흡기, 혈압상승제, 혈액투석, 체외생명유지술 등을 포함한 단순 생명연장 조치

2024년 3월 12일

작성자:　홍길동　서명(인)

사전 연명 의료 의견서

년   월   일

작성자 :   서명(인)

사전 연명 의료 의견서

년   월   일

작성자 :   서명(인)

호스피스 의견서

호스피스 제도는 생명을 연장하는 치료가 불가능할 때, 환자의 고통을 완화하고 삶의 질을 향상하며 환자의 자기결정권을 강화하기 위한 것을 목표로 하고 있습니다.

* 2018년 「연명의료결정법(약칭)」이 제정되면서 법적 근거 마련

우리나라는 1988년 서울대학교 의과대학 부속병원에 국내 최초의 호스피스 병동이 개설되었고, 1990년대부터 호스피스완화의료 서비스가 전국적으로 확대되어 현재 약 100여 개의 호스피스 병동이 운영되고 있으며 2000년에 비해 약 6배 증가하였습니다.

대한민국의 호스피스 병동은 현재 수도권에 집중되어 지역별 편차가 큰 편입니다. 또한 호스피스 치료는 의료보험 비급여항목으로 분류되어 그 입원비가 비싸고 아직까지 호스피스 제도에 대한 환자나 가족의 인식이 현저히 낮은 편입니다.

호스피스 완화 의료 서비스 3가지

① 입원형

병원이나 요양병원에 입원하여 서비스를 제공받는 형태

② 자문형

환자가 본인의 집이나 일반병원에서 본인의 일상생활을 유지하면서 완화의료 서비스를 받을 수 있도록 지원하는 데 중점을 두는 형태

③ 가정형

환자가 본인의 가정에서 가족들의 도움을 받으면서 마지막 순간까지 편안하게 지낼 수 있도록 지원하는 데 중점을 두는 형태

호스피스 사전 의견서

년   월   일

작성자 :   서명(인)

호스피스 사전 의견서

년   월   일

작성자 :   서명(인)

사전 장례 의견서

이 세상에 태어난 사람이라면 누구나 반드시 떠나기 마련입니다. 안타깝지만 그 누구도 거부할 수 없고 피해 갈 수 없는 인간의 숙명입니다.

「사전 장례 의견서」란, 자신이 이 세상을 떠났을 때 어떻게 장례를 치를지 평소 의견을 밝혀두는 서면이라 할 수 있습니다. 미리 작성해 두면 나중에 유가족들 간의 불필요한 혼란과 갈등을 막을 수 있어 유용합니다.

특별한 양식이나 내용상 정해진 것은 없지만, 일반적으로 화장, 매장, 수목장, 자연장 등 장묘 방법과 수의, 관, 부고, 장례 일수, 삼우제 및 기타 제사 등 여러 장례절차에 따른 유족 간 갈등을 방지하기 위해 자신이 원하는 장례 방법을 미리 서면으로 적어두는 것이 좋습니다.

사전 장례 의견서 작성하기

* 해당 항목에 'O' 표시 하세요!

나의 사망진단이 내려진 후 내가 바라는 장례의식과 절차를 아래와 같이 기록하여 두니 따라 주기 바란다.

① 부고

✔ 널리 알리기 바란다.

✔ 알려야 할 사람에게만 알리기 바란다.

✔ 장례식을 치른 후 알리기 바란다.

② 장례식

✔ 전통장례방식에 따라 주기 바란다.

✔ 될 수 있는 대로 간소하게 치르기 바란다.

✔ 가족과 친지들만 모여서 치르기 바란다.

③ 부의금 및 조화

✔ 관례에 따라 하기 바란다.

✔ 될 수 있는 대로 제한하기 바란다.

✔ 일절 받지 않기 바란다.

④ 수의

✔ 사회적 위상에 맞는 전통수의를 입혀주기 바란다.

✔ 검소한 전통수의를 선택해주기 바란다.

✔ 내가 평소 즐겨 입던 면 옷으로 대신해주기 바란다.

✔ 기타 영정사진, 제단 장식, 배경음악 등에 대한 의견

⑤ 시신처리

✔ 화장

✔ 매장

✔ 수목장

✔ 내가 이미 약정한 대로 의학적 연구 및 조직 활용을 목적으로 기증하기
바란다.

이상 장례식에 관한 나의 평소 의견이니 따라 주기 바란다.

년   월   일

작성자 :   서명(인)

사전 장례 의견서

예시

1. 나는 화장을 하여 수목장으로 장례 치르기를 원한다.
* 수목장 나무는 작은 반송이나 백일홍을 택하여 선산의 부모님 나무 아래쪽에 심고 아무런 표석 없이 묻어 주기 바란다.

2. 나의 장례식은 가족들과 친지들만 모여서 간소하게 치르기 바란다.
3. 49재도 너희들의 뜻에 맡기지만 만약 하겠다고 하면 평소 내가 다니던 사찰 ○○사에서 최대한 간소하게 하기 바란다.

4. 앞으로 제사는 기제사는 지내지 말고, 매년 설과 추석 명절 때 자녀들이 모두 모여 함께 담소하고 차례상 앞에서 잠시나마 조상님들과 나를 추억해 주면 고맙겠구나.

2024년 3월 12일

작성자: 홍길동   서명(인)

사전 장례 의견서

년   월   일

작성자 :   서명(인)

사전 장례 의견서

년   월   일

작성자 :   서명(인)

장기 기증/시신 기증 의견서

우리나라는 미국이나 다른 해외국가들에 비해 장기 기증, 시신 기증 사례가 많지 않은 편입니다. 이에 대해서는 다양한 요인이 있겠지만, 뿌리 깊은 유교사상 때문에 신체 훼손에 대한 거부감과 사후세계에 대한 믿음 때문으로 보입니다.

원칙적으로, 사망 후 장기 및 시신을 기증하고자 하는 분들은 생전에 「사후장기기증등록서」를 작성함으로써 기증할 수 있습니다. 등록서는 보건복지부 국립장기조직혈액관리원 또는 병원 장기이식센터 사무실에 비치되어 있습니다. 신청을 원한다면, 직접 방문하시거나 우편으로 받을 수 있고, 인터넷으로 신청이 가능합니다.

* 보건복지부 국립장기조직혈액관리원 1588-1589 / https://konos.go.kr

등록 절차

① 기증 희망자 등록 신청서 작성 ⋯ ② 국립장기조직혈액관리원(KONOS) 등록 ⋯

③ 장기 기증 등록증 및 스티커 발급, 지참 ⋯ ④ 뇌사 혹은 사망 시 장기이식센터로 연락 ⋯

⑤ 보호자 동의 ⋯ ⑥ 장기 및 시신 기증

* 재단법인 사랑의 장기기증운동본부 (www.donor.or.kr)

장기 기증 의견서

사전에 정식의 장기 기증 희망자 등록을 마쳤더라도 자녀에게 미리 알리지 못했다면 다음과 같이 자신의 기증 의사를 미리 남겨 두어 보호자 동의를 더욱 쉽게 받을 수 있으며 자신의 기증 의사가 실행되는 데 도움이 될 수 있을 것입니다.

장기 기증 의견서

나는 이미 장기 기증 등록을 하였으나 이 서면으로 다시 나의 기증 의사를 밝혀두니 가족들은 나의 뜻을 이해하고 사용 가능한 장기의 기증에 동의해주기를 바란다.

20   년   월   일

이름 :   서명(인)

사전에 기증 희망자로 등록하진 않았지만, 다음과 같이 가족들에게 자신의 기증의사를 미리 밝혀둔다면 법적인 효력은 없다 하더라도 가족의 판단에 도움을 줄 수 있을 것입니다.

장기 기증 의견서

나는 장기 기증 등록을 하지 않았으나 이 서면으로 나의 장기(시신) 기증 의사를 밝혀두니 가족들은 나의 뜻을 헤아려 기증에 동의해주기를 바란다.

20   년   월   일

이름 :   서명(인)

장기 기증 의견서

예시

1. 내 신체 중 기증할 수 있는 상태이면 모두 기증하기 바란다.

* 별도의 장기 기증 신청은 하지 않았으나 내 뜻을 따라주었으면 한다.

- 한국장기조직 기증원 KODA(02-3447-5632) 또는 △△대 병원(053-000-000)

2. 상기 아버님의 뜻을 이해하고 장기기증에 동의하고 함께 서명합니다.

첫째 아들	홍〇〇	서명(인)
둘째 아들	홍▽▽	서명(인)

2024년 3월 12일

작성자:　홍길동　서명(인)

장기 기증 의견서

년   월   일

작성자 :   서명(인)

반려동물 조치 의견서

고령화와 더불어 1인 가구가 급격히 증가하면서 반려동물을 키우는 사례가 늘고 있는 추세입니다. 주인의 사망 등 갑작스러운 부재로 반려 동물도 방치되어 사망하는 경우가 많으므로 이와 같은 「반려동물 조치 의견서」를 미리 작성해 두어 준비해 두는 것이 좋겠습니다.

반려동물 조치 의견서

"나에게 사고가 생겨 내가 키우던 반려동물을 돌볼 수 없을 때는 막내 ○○ 이가 맡아서 돌봐주면 고맙겠구나."

1. 이름 :

2. 잘 먹는 먹이 :

3. 질병 경력 :

4. 복용 중인 약 :

5. 다니는 병원 :

6. 주의사항 등 :

20 년 월 일

작성자 :   서명(인)

반려동물 조치 의견서

년   월   일

작성자 :   서명(인)

11

유언서 / 효도계약서
작성 요령 및 작성 연습

유언 상식 / 자필유언서 / 휴대폰 동영상 유언

유언대용신탁 / 효도계약 등

유언서/효도계약서 작성요령 및 작성연습

- 유언서 -

유언서는 사후에 대비하여 재산상속, 기증 등에 관해서 자기 뜻을 기록한 글로써 흔히 '유언장'이라 부르고 있습니다. 민법상 법적 효력 있는 유언서의 작성 방법은 엄격한 형식적 요건이 요구됩니다.

* 다만 법정의 형식 요건에 맞지 않다고 하더라도 자녀나 배우자가 그 뜻을 존중하여 이에 따른다면 실제로 효력이 발생할 것입니다.

- 효도계약서 -

최근 자식이 부모의 재산을 증여받은 후 요양원에 맡기는 등 방치, 학대하는 사례가 많아지면서 소위 '효도계약'의 필요성이 부각되고 있습니다. 효도계약서는 피상속인이 생전에 작성한 조건부 증여 계약으로, 계약 시 정한 조건이 이행되지 않을 경우 물려준 재산을 다시 되돌려 받을 수 있어 부모의 안전한 노후생활 보장에 도움이 됩니다.

유언에 관한 민법 규정 해설(요약)

- 민법 제1060조 ~ 제1072조 -

가. 효력 발생의 근거 및 유언의 종류

• 유언은 민법의 정한 방식에 의하지 아니하면 효력이 발생하지 아니한다.

• 유언의 방식은 자필증서, 녹음, 공정증서, 비밀증서와 구수증서의 5종으로 한다.

나. 유언할 수 있는 나이

• 만 17세에 달하지 못한 자는 유언을 하지 못한다.

따라서 만 17세 미만인 사람이 유언을 하면 의사능력이 없는 것으로 간주하여 법적 효력이 없다.

다. 제한능력자의 유언능력

• 만17세 이상이라도 의사능력이 없는 사람(피성년후견인)의 유언은 인정되지 않으므로 유언의 효력이 없다.

• 그러나 피성년후견인이라도 의사능력이 회복된 때는 유언할 수 있으며, 이 경우는 의사가 심신회복의 상태를 유언서에 부기하고 서명날인 해야 효력이 발생한다.

라. 유언으로 할 수 있는 사항(법정 유언 사항)

유증 / 인지 / 친생부인 / 재단법인 설립을 위한 출연 행위 / 신탁의 결정 / 후견인 지정 / 상속 재산 분할 금지(5년간) / 재산 분할 방법의 지정 또는 위탁 / 유언 집행자의 지정 또는 위탁

* 상기 법정 유언사항 이외의 다른 내용을 유언으로 남기시더라도 유가족들이 따라주기만 한다면 실질적으로 그 효력이 발생합니다.

* 유증 : 유언에 따라 재산을 수증자에게 무상으로 증여하는 단독행위

* 인지 : 혼인 외에 출생한 자녀에 대하여 친아버지나 친어머니가 자기 자식임을 확인하는 일.

유언의 종류별 요건

가. 자필유언서

(1) 자필유언서의 요건

- 자필증서에 의한 유언은 유언자가 그 전문과 연월일, 주소, 성명을 자서하고 날인하여야 합니다. (민법 제1066조)
- 자필유언서는 유언자가 볼펜 등을 사용하여 자필로 유언장을 작성한 것인데, 증인이 필요치 않고 비용이 들지 않으며 비교적 간단하다는 점에서 많이 이용되고 있습니다.

- 자필증서 유언에 문자의 삽입, 삭제 또는 변경을 함에는 유언자가 이를 자서하고 날인하여야 합니다.

(2) 자필유언서 작성 시 주의할 사항

① 반드시 자필로 작성해야 합니다.

타인에게 유언을 내용을 말하여 필기시키거나 컴퓨터 등을 사용하여 워드로 작성하거나, 원본이 아닌 복사본, 파일 등을 자필유언장으로 인정되지 않습니다. 연필은 피하고 볼펜 등 잘 지워지지 않는 필기구를 사용하는 것이 좋습니다.

② 유언자가 자신의 성명을 기재하고 도장을 날인해야 합니다.

도장 대신 지장(무인)을 찍어도 유효합니다. 다만 서명은 인정되지 않으므로, 도장을 찍지 않고 서명만 하면 유언장이 무효가 됩니다.

③ 유언서를 작성한 시점인 연·월·일을 구체적으로 기재해야 합니다.

예를 들어, 2017년 11월 7일과 같이 연, 월, 일을 모두 기재해야 합니다. 유언서를 작성한 시점인 연, 월, 일을 기준으로 의사능력 여부를 판단하고, 유언을 여러 번 한 경우, 연월일을 기준으로 나중의 유언이 우선되기 때문입니다.

④ 구체적인 주소를 기재해야 합니다.

주소는 특별시·광역시·도, 시·군·구, 읍·면·동·리의 이름만 기재하면 안 되며, 지번 및 아파트의 경우 구체적인 동·호수까지 기재해야 합니다. 다만, 주소는 반드시 주민등록지 주소일 필요는 없고, 유언 당시 생활근거지 주소를 기재해도 무방합니다.

\<판례 예시\>

유언자의 주소가 ○○아파트 ○○○동 ○○○호인데, 이를 유언장에 기재하지 않고, "위 아파트를 ○○○에게 유증하겠다"라고만 기재한 사례에서, 유언장의 주소 요건을 갖추지 못해 무효라고 판시하였습니다. (서울고등법원 2014나2011213 판결)

⑤ 유언의 내용은 최대한 구체적으로 정확하게 기재해야 합니다.

부동산을 유증하는 경우, 그 대상 부동산의 지번을 정확하게 기재해야 합니다. 명의신탁된 부동산을 상속 또는 유증한다고 유언하는 경우에는 명의신탁이라고 주장하는 근거와 이유 등을 구체적으로 기재하고 증거까지 제시해야, 추후 분쟁을 방지할 수 있을 것입니다.

⑥ 유언의 내용을 수정, 변경 및 철회

시간이 흘러 내용을 변경할 때에는 두 줄을 긋고 날인 후 수정내용을 기록하고 수정한 연, 월, 일을 기록해두는 것이 좋습니다. 수정이 많은 경우에는 전체를 파기하고 새로 적는 것이 좋습니다. 유언은 언제든지 새로운 유언장을 작성하면 이와 배치되는 그 전의 유언장은 효력을 잃게 됩니다. 즉 새로운 유언으로 그 전의 유언이 철회되기 때문에 미리 작성해 두어도 언제든지 새롭게 작성하실 수 있습니다.

* 자필유언으로 유언집행자를 지정할 수 있으며, 지정되지 않으면 상속인들이 공동으로 유언집행자가 됩니다.

* 유언자의 사후에는 위 자필유언장의 진위 여부 및 온전한 정신상태로 진정한 의사에서 작성한 것인지 여부 등으로 분쟁이 발생할 수 있습니다. 이를 방지하기 위해서는 가급적 동영상 유언 방식으로 촬영해 두면 추후 분쟁의 소지를 줄일 수 있을 것입니다. (아래에서 설명)

(3) 자필유언서의 검인

• 자필유언서가 발견되면 가정법원에 검인신청을 하여 검인을 받는 것이 좋습니다. 작성한 후 즉시 검인 신청할 필요는 없으며 사후에 발견자가 검인신청을 하시면 됩니다. (필수 효력요건은 아님)

• 한 번 작성해두었더라도 언제든지 수정, 변경, 취소가 가능합니다. 또 유언장을 검인받았다고 해서, 그 유언장이 민법이 정한 유언장 작성방법 및 요건을 충족했다는 의미는 아닙니다.

• 유언서 검인신청을 하게 되면, 법원은 신청인과 상속인 등 관계인들을 모두 출석시켜, 유언장 원본 여부 및 소지 경위, 검인신청 경위, 유언자의 필적이 맞다고 생각하는지 등을 진술하게 하고, 유언장 사본을 유언검인조서에 첨부하고 검인절차를 종료하게 됩니다.

• 이때 유언서의 효력이 없다거나 이의를 제기하는 자가 있다면, 유언서의 진위나 효력 등을 확정하기 위해서는 유언효력 확인소송, 유언 무효확인소송 등 소송을 통해 법원의 판단을 받아야 합니다.

(4) 자필유언서의 사례

예시

유언서

나 홍길동은 다음과 같이 유언한다.

1. 본인 소유의 ○○동 아파트는 아내 김◇◇에게 유증한다.
* 아파트 주소 : ○○광역시 ○○구 ○○동 ○○아파트 000동 000호

2. ○○도 ○○시에 있는 본인 소유의 산(임)과 밭(전)은 첫째 아들 홍△△에게, 논(답)은 둘째 아들 홍▽▽에게 유증하며

* 산 소재지 : ○○도 ○○시 ○○면 ○○리 산00-0
* 밭 소재지 : ○○도 ○○시 ○○면 ○○리 00번지
* 논 소재지 : ○○도 ○○시 ○○면 ○○리 00번지

3. ◆◆증권 계좌에 보유한 본인의 모든 주식과 타던 자동차(모델명)는 셋째 딸 홍☆☆에게 유증한다.

2024년 3월 12일

작성자 :   홍 길 동   서명(인)

* 자필유언서는 볼펜 등 필기구를 사용하여 직접 자필로 작성해야 합니다.

나. 녹음에 의한 유언

(1) 녹음에 의한 유언(동영상 유언)

• 녹음에 의한 유언은 유언자가 유언의 취지, 그 성명과 연월일을 구술하고 이에 참여한 증인이 유언의 정확함과 그 성명을 구술하여야 합니다.(민법 제1067조)

• 최근 녹음기 외에 스마트폰이 널리 보급되면서 녹음유언은 휴대폰을 이용하여 동영상으로 남기는 경우가 많습니다. 휴대폰 동영상은 자필증서에 의한 유언보다 유언자의 생생한 음성과 함께 실제 모습과 동작까지 시각적으로 확인할 수 있어 유언자의 진의를 보다 정확하게 전달 할 수 있기 때문입니다.

• 다만 스마트폰에 의한 동영상 유언은 기술의 발달로 복사, 편집, 조작 등의 원본 훼손의 위험이 있어 엄격히 지켜야 할 사항을 준수하여 촬영 및 보관해야 하며, 이를 발견하여 검인신청 할 경우 녹취록과 동영상 자료 등 재생에 필요한 자료 등을 첨부하여야 합니다.

(2) 휴대폰 동영상 유언 촬영 시 주의할 사항

① 영상과 음성의 품질이 유언자의 얼굴과 목소리임을 분명하게 식별할 수 있어야 합니다.(바스트나 숄더 샷 정도의 클로즈업 상태 유지)

② 동영상은 보정 및 편집하면 절대 안 되며 동영상을 재생하는 데 필요한 모든 종류의 기술 데이터도 함께 보관하는 것이 좋습니다.

③ 1인의 증인이 반드시 함께 참여해야 하며, 증인은 유언자가 건강하고 정상적인 상태임과 유언내용의 정확함을 확인하고, 증인의 얼굴이 식별되게 하고 이름과 주소 등 인적사항을 말하고 자신이 증인임을 명시해야 합니다.

④ 미성년자와 피성년후견인, 피한정후견인은 증인이 될 수 없으며, 또한 유언으로 이익을 받을 사람, 그의 배우자와 직계혈족 또한 증인이 될 수 없습니다.

따라서 동영상 유언 시에 성인인 친구나, 동료 등을 지정하거나 노인대학 등 단체모임이나 입소시설 등에서 동료 간 증인이 되어 동영상 유언을 촬영할 수 있을 것입니다.

⑤ 유언자는 자신의 성명과 거주지를 밝혀야 하며, 자신이 건강한 상태임을 선언하는 내용이 들어가는 것이 좋습니다. 유증(재산상속)의 내용과 수증자를 말하고 촬영 날짜와 시간, 장소를 정확히 언급해두는 것이 좋습니다.

⑥ 동영상 촬영 시 화면에 날짜와 시간을 삽입하고, 중간에 커트되지 않도록 충분한 용량의 메모리나 녹음 테이프을 사용합니다. 만약 중간에 커트하는 경우에는 유언자가 끝과 시작 부분에 이를 고지하는 내용이 들어 있어야 합니다.

⑦ 유언자와 증인이 함께 촬영 시, 그 사실과 자료보관방법 등에 관해 유언자가 직접 육성으로 남기는 것이 좋습니다.

다. 공정증서에 의한 유언서

• 공정증서에 의한 유언은 민법상 가장 엄격하고 비용이 많이 소요되므로 불편한 점도 있으나 원본을 공증인이 보관한다는 점에서 분실, 위조, 파손 등의 위험에서 벗어날 수 있습니다.

• 공정증서에 의한 유언의 집행에 있어서는 검인절차가 필요 없고 법적효력이 있는 진정한 것으로 추정된다는 장점이 있지만, 반면에 유언내용이 타인에게 누설될 수 있고 상당한 비용이 소요된다는 단점이 있습니다.

• 공정증서유언은 증인 2명과 함께 인가받은 공증인가사무소를 방문하여 인감증명, 신분 및 재산의 소유관계를 증명하는 각종 서류를 제출하여 공증인의 확인을 거쳐 작성합니다.

• 당해 공증사무소에서 유언서 원본을 보관하고 본인은 정본을 받아서 보관 사실을 자녀에게 미리 알려두지 않을 경우, 유언서를 찾지 못할 우려가 있기에 주의가 필요합니다.(민법 제1068조)

라. 비밀증서에 의한 유언서

(1) 요건

• 비밀증서 유언은 유언서를 미리 작성하되 자녀 등에게 그 내용을 비밀로 하고 싶을 때 주로 이용됩니다.

- 비밀증서에 의한 유언은 유언자가 필자의 성명을 기입한 증서를 엄봉날인하고 이를 2인 이상의 증인의 면전에 제출하여 자기의 유언서임을 표시한 후 그 봉서 표면에 제출 연월일을 기재하고 유언자와 증인이 각자 서명 또는 기명날인하여야 합니다.

- 비밀증서 유언 봉서는 그 표면에 기재된 날로부터 5일 내에 공증인 또는 법원 서기에게 제출하여 그 봉인상에 확정일자 인을 받아야 합니다.

(2) 주의사항

① 필수 기재 사항 : 유언의 취지, 유언자의 성명

② 엄봉할 것 : 유언장을 봉투에 넣고 완전 밀봉할 것

③ 날인 : 봉투의 접합부위에 도장을 찍어서 봉투 훼손 시 표시가 나도록 하기 위함

④ 봉투에 기재할 사항
'○○○의 유언서' + 증인에게 제출한 연월일 + 유언자와 2명의 증인이 각자 서명 또는 기명날인

⑤ 위 제출한 날짜로부터 5일 내에 확정일자 받음
* 공증인 또는 법원에서 확정일자 받아야 함.(민법 제1069조 제2항)

(3) 봉투 겉면에 기재할 사항 예시(엄봉 + 날인 한 후)

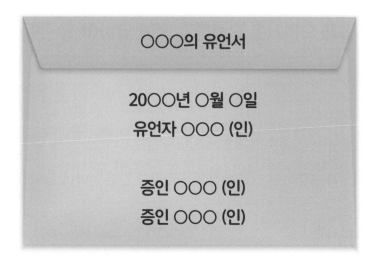

○○○의 유언서

20○○년 ○월 ○일
유언자 ○○○ (인)

증인 ○○○ (인)
증인 ○○○ (인)

마. 구수 증서에 의한 유언서

- 근거 : 민법 제1070조

- 구수 증서에 의한 유언은 질병 기타 급박한 사유로 인하여 다른 방식으로 유언할 수 없는 경우에 이용됩니다.

- 유언자가 2인 이상의 증인의 참여하에 그 1인에게 유언의 취지를 구수하고 그 구수를 받은 자가 이를 필기 낭독하여 유언자의 증인이 그 정확함을 승인한 후 각자 서명 또는 기명날인하여야 합니다.

- 증인 또는 이해관계인이 급박한 사유의 종료한 날로부터 7일 내에 법원에 그 검인을 신청하여야 합니다.

실제 유언서를 작성하기 전에 알아야 할 것들

- 사후에 유언서가 발견되지 않으면 법정상속이 이루어집니다.

- 유언서가 있으면 유언서의 내용대로 상속절차가 개시됩니다.

- 법정상속 순위와 지분 비율은 아래와 같습니다.

순위	상속인
1 순위	피상속인의 직계비속(자녀, 손자녀 등, 배우자)
2 순위	피상속인의 직계존속(부모, 조부모 등, 배우자)
3 순위	피상속인의 형제자매
4 순위	피상속인의 4촌 이내의 방계혈족(삼촌, 고모, 이모 등)

가. 상속지분은 이렇습니다.

- 원칙적인 법정 상속지분은 1순위인 피상속인(고인)의 직계비속(자녀)은 모두 균등하게 1씩의 지분 비율을 가지고,

- 배우자는 1.5의 지분 비율로 자녀들과 나누어 가집니다. 만약 1순위인 자녀가 없을 경우, 2순위인 직계존속(부모)은 1의 지분 비율을 가지며 피상속인의 배우자는 1.5의 지분의 비율로 부모님과 재산을 나누어 가지게 됩니다.

나. 유류분을 고려하여 작성하는 것이 현명합니다.

- 유언서 작성 시 반드시 고려할 점은 유언서가 존재하더라도 민법에는 유류분이라는 제도를 두고 있으므로 유언자의 의사(유언서 내용)와 상관없이 가족들이 받을 수 있는 최소한의 유산 상속을 보장하고 있다는 점입니다.
따라서 유언자는 자신이 세상을 떠난 후 남긴 유산을 두고 자녀들 간 법정분쟁이 발생하지 않도록 하려면 유언서를 작성할 때 미리 유류분을 고려하여 유언서를 작성하시는 것이 좋습니다.

- 요즘은 과거와 달리 주로 재산이 장남 또는 아들 위주로 상속되던 관례가 깨지고 차남, 삼남 그리고 딸과 결혼한 여형제들도 유류분을 주장하며 법정분쟁이 증가하는 추세이기 때문입니다.

- 1977년 민법에 도입된 유류분 제도는 피상속인이 특정인에게 전 재산을 몰아주거나 기부하거나 불공평하게 재산을 나누어 주었을 때, 배우자와 자녀 등 직계비속에게 각각 법정상속분의 2분의 1, 직계존속(부모, 조부모 등)과 형제자매는 각각 법정상속분의 3분의 1을 반드시 주도록 정해놓고 있습니다.
* 앞으로 법 개정으로 인해 형제자매는 유류분을 받을 수 없게 될 것으로 보입니다. (2024. 4. 25. 민법 제1113조 위헌 결정 – 헌법재판소)

그러나 피상속인은 자녀들 간의 법정 다툼을 미리 방지하기 위해서는 최소한 유류분만큼의 재산은 각기 나누어 주는 유언서를 작성하는 것이 바람직할 것입니다. 가족끼리 서로 얼굴 붉히고 원수가 되는 일이 피해야 하니까요.

- 유언서 수정할 경우 : 두 줄을 긋고 날인하고 날짜를 적을 것
- 유언집행자 지정 : 피상속인이 유언집행자를 지정하지 않으면 상속인이 집행자가 됩니다. (민법 제1075조)

다. 피상속인이 빚을 남긴 경우에 꼭 알아야 합니다.

- 상속은 부모님의 재산을 이어받는 기쁜 일입니다만 부모님께서 큰 빚(채무)을 남기셨다면 상속 포기나 한정승인을 통해 빚 대물림을 막아야 할 것입니다. 따라서 상속 포기나 한정승인은 어떤 것이며 어떻게 해야 할지 알아두어야 합니다.

- 또한, 부모의 입장에서는 자신의 채무나 보증 사실이 있는 경우, 반드시 자녀나 배우자에게 그 사실과 규모를 미리 알리는 것이 필요합니다. 자신이 떠난 후 남은 가족들이 빚이나 보증이 있다는 사실을 모르고 상속을 받았다가 생각지도 못한 큰 부담을 짊어질 수 있기 때문입니다.

(1) 상속 포기

① 상속 포기는 상속인이 자신의 상속권리를 포기하는 것입니다. 상속은 적극적인 재산뿐만 아니라 소극적인 재산(빚, 채무)에 대해서도 함께 상속

됩니다.

따라서 피상속인이 적극재산보다 많은 채무를 남겼을 경우, 관할법원에 신청하여 자신의 권리를 포기하는 절차를 반드시 거쳐야 빚을 물려받지 않을 수 있습니다.

② 다만, 상속 포기를 할 때 주의할 것은 상속 포기는 자신이 포기하면 다음 공동상속인이나 다음 순위의 상속인에게 상속이 넘어가게 되므로 다른 가족들에게 영향을 줄 수 있다는 것입니다.

따라서 상속 포기를 고려하는 경우, 동 순위의 다른 공동상속인 또는 다음 순위의 상속인 모두와 충분히 협의하고 결정해야 합니다. 만약 혼자만 상속 포기를 하고 방치한다면 다른 가족에게 큰 피해를 줄 수 있기 때문입니다.

(2) 한정승인

① 한정승인이란 일단 상속은 받되, 상속받은 재산의 범위 내에서만 채무를 변제하겠다는 것입니다.

즉, 상속재산보다 채무가 많다면 남은 채무를 변제하지 않겠다는 것입니다. 한정승인을 하면 채무를 변제하기 위한 절차인 신문 공고, 채권자 통지, 청산 또는 파산업무를 진행해야 합니다.

② 만약, 상속인 중 1인이 한정승인을 하게 되면 다른 동 순위나 후 순위 가족에게 빚이 넘어가는 것을 방지할 수 있는 장점이 있지만 법원에 신청해야 하고 필요한 서류를 준비해야 하는 번거로운 절차와 비용부담은 감수해야 할 것입니다.

- 법정 상속 시 예외규정 -

① 특별수익

상속인이 피상속인 생전에 받은 재산 중 상속재산을 미리 받은 것으로 인정되는 것./이를 해당 상속인의 상속분에서 공제-유학자금/결혼비용/집 등

② 기여분

피상속인의 재산유지 및 형성에 특별한 기여를 하였거나, 피상속인을 특별히 부양한 사실이 인정되면 상속분에 추가로 기여분 배분-입증자료 준비

③ 유류분 제도

상속자들이 일정 비율의 재산을 받을 수 있도록 의무화

• 배우자, 직계비속 : 법정비율의 1/2

• 직계존속, 형제자매 : 법정비율의 1/3 * 단 2025년부터 형제자매는 유류분 없게 됨.

- 상속 관련 기한 -

• 사망신고 :　　　　　피상속인 사망일로부터 1개월 이내

• 승인/포기 :　　　　　3개월 이내

• 상속세 납부 :　　　　6개월 이내

• 유류분 청구 :　　　　1년 이내

자필 유언서 작성 요령 및 작성 연습

가장 많이, 그리고 비용 없이 스스로 작성하는 자필유언서를 쓸 때는, 법이 정하는 요건을 갖추어 실제로 자필로 작성한 사례문을 참고하여 작성합니다.

자필유언서 작성을 체험할 때, 왼편에 예시문을, 오른편에 작성문을 두어 예시문을 두어 연습합니다.

마지막으로, 스스로 본인의 실제 자필유언서를 순서대로 작성하여 법적으로 효력 있는 자필유언서를 작성합니다.

자필 유언서 예시

유 언 서

유언자 :   홍 길 동 (520000 - 0000000)

주 소 :   ○○시 ○○구 ○○동 ○○아파트 000동 000호

본인은 다음과 같이 유언합니다.

1. 본인 소유의 '○○동 ○○아파트 000동 000호'는 아내 김◇◇에게 유증
합니다.

2. 본인 소유의 경북 상주시에 있는 산과 밭은 첫째 아들 홍△△에게, 논은
둘째 아들 홍▽▽에게 유증합니다.
- 소재지
* 산(임) : 경북 상주시 ○○면 ○○리 산 00번지
* 밭(전) : 경북 상주시 ○○면 ○○리 000번지
* 논(답) : 경북 상주시 ○○면 ○○리 00-0번지

3. 삼성증권 계좌에 있는 주식 전부와 내가 타던 자동차(모델명)는 셋째
딸 홍☆☆에게 유증합니다.

2024년 3월 13일

유언자   홍 길 동   서명(인)

"앞의 자필 유언서 예시를 참조하여 순서대로 설명 드립니다."

가. 유언서임을 표시한다

맨 먼저 유언서임을 알려주는 표시를 적습니다. 반드시 써야 하는 것은 아니지만, 누구나 이 문서가 유언장이라는 것을 알 수 있게 적는 것이 좋습니다.

나. 유언의 전문을 작성한다

유언자(피상속인)가 배우자, 자녀 등(상속인)에게 자신의 재산(부동산, 예금, 현금, 주식, 증권, 자동차 등)을 상속(유증)한다는 내용을 적은 것을 말합니다.

이 전문에서 어떤 재산을 아무개에게 유증한다는 것을 구체적으로 적어 주는 것입니다. 예컨대 현재 거주하는 주택을 큰아들 △△△에게 상속하려면,

"○○시 ○○구 ○○동 ○○아파트 000동 000호는 큰아들 △△△에게 유증한다"라고 자필로 적는 식입니다. 꼭 이렇게 적어야 하는 것은 아니지만, 부동산은 가능하면 그 소재지와 종류, 규모 등을 구체적으로 특정하여 이를 상속받을 사람이 △△△임을 명확하게 기재 하는 것이 좋습니다.

예금의 경우, 통장번호와 잔고를 적고 이를 "△△△에게 유증한다"라고 적습니다.

유가증권의 경우, 증권 종류와 증권번호 등 특정할 수 있는 정보를 적는 것이 향후 벌어질지 모르는 혼란을 사전에 막을 수 있습니다.

다. 작성 연월일을 기재한다

간혹, 한 사람이 유언을 여러 번 하는 경우가 있습니다. 이 경우, 여러 유언 중에서 어느 유언이 유효한지, 유언자가 유언능력이 있는 상태에서 유언하였는지 등을 판단할 수 있도록 작성자는 반드시 유언장에 작성한 연월일을 모두 자필로 기재해야 합니다.

라. 유언자의 주소를 적는다

주소는 유언장을 작성한 장소(작성지)가 아니라, 유언자의 주소를 말하며, 반드시 주민등록상의 주소일 필요는 없고 '생활의 근거가 되는 곳'이면 됩니다.

마. 유언자 이름을 적고 날인한다

성명은 「가족관계등록부」상의 기재된 성명에 한하지 않고, 유언자가 통상 사용하는 '아호, 예명, 별명' 등 유언자가 누구인지를 가리키는 것이면 됩니다. 다만, 추후 분쟁의 소지를 줄이기 위해서 가급적 '실명'을 사용하는 것이 안전합니다.

날인은 자신의 도장이면 되고 반드시 관공서에 신고한 인감이어야 하는 것은 아닙니다. 그러나 유언자의 날인이나 무인(지장)이 없는 유언장은 효력이 없으며 서명(사인) 또한 인정되지 않습니다.

자필유언장은 비용 없이, 증인 없이 혼자서 작성할 수 있어 편리하다는 장점이 있습니다. 하지만 위에서 살펴본 바와 같이 엄격한 형식을 갖추지 않으면 자칫 무효가 되므로 세밀한 주의가 필요합니다.

자필 유언서 작성 체험하기 (연습용)

실제로 작성하기 전에 연습 삼아 작성해 보세요.

전문

유언자 ☆○○는(은) 아래와 같이 유언한다.

1. 지금 살고 있는 집(△△시 ▽▽동 ◇◇아파트 ○○○동 ○○○호)와 가재도구는 첫째 ☆▲▲에게 유증한다.

2. 내가 가진 주식과 현금 등 금융자산은 모두 둘째 ☆▼▼에게 유증한다.

3. 나의 유언집행인은 첫째 ☆▲▲으로 한다.

연, 월, 일

    2024년   0월   0일

이름 및 날인

    유언자 ☆○○   서명(인)

주소

    △△시 ▲▲구 ▽▽동 ◇◇아파트 ○○○동 ○○○호

* 좌측 예시를 참조하여 우측에 필기구를 이용해 반드시 자필로 작성합니다.

자필 유언서 작성하기

앞의 예시를 참조하여 볼펜 등 필기구를 사용해 직접 자필로 작성합니다.

자필 유언서 작성하기

앞의 예시를 참조하여 볼펜 등 필기구를 사용해 직접 자필로 작성합니다.

유언대용신탁 알아보기

유언대용신탁은 은행을 포함한 금융기관이 위탁자와 신탁계약을 맺어 생전에는 재산을 관리해주며 계약자가 사망할 경우, 계약 내용에 따라 자산을 분배, 관리해주는 금융상품입니다. (2012년 7월 26일부터 개정 신탁법이 발효)

민법상 유언장의 경우, 자필, 녹음(동영상), 공증, 비밀, 구수증서 작성 등에 엄격한 형식의 요건이 요구됩니다. 하지만 신탁제도는 유언장보다 유연하고 다양하게 상속을 설계할 수 있습니다.

유언대용신탁은 금융사가 계약에 따라 생전에는 운용수익을 지급하다가 계약자가 사망하면 상속 집행을 책임지게 됩니다. 유언대용신탁을 통해 상속재산 배분에 다양한 조건을 걸어둘 수 있는 장점이 있으나 만만치 않은 연간 관리 비용 부담을 고려해야 할 것입니다.

최근 국내에서도 가족이 아니나 부양 의무를 대신한 제3자에게 상속을 원하는 경우가 증가하는 추세입니다. 따라서 미리 유언을 통해 유류분을 제외하고 유증하는 형태로 상속하는 경향도 늘고 있습니다.

다만, 유언대용신탁의 여러 가지 장점에도 불구하고 이용에 따른 연간 비용부담이 만만치 않은 등, 아직은 일반인에게 이용 장벽이 높은 경향이 있습니다.

효도계약서 작성 요령

효도계약도 계약의 일종이기 때문에 아무리 부모와 자식 간이라 할지라도 계약 시 정한 조건을 이행하지 않으면, 이미 자녀에게 등기 이전된 재산이어도 반환청구를 할 수 있습니다.

그러기 위해서는 효도계약서를 작성할 때, 부모의 재산을 물려주는 대신에 자녀가 지켜야 할 조건을 명확하게 작성해야 증여한 재산을 확실히 되돌려 받을 수 있습니다.

만약, 조건을 불확실하게 작성하여 소송하거나, 자녀로부터 버림받아 요양원 등지에서 쓸쓸한 노후를 보내지 않도록 주의해야 합니다.

효도계약서 작성 시 반드시 부모(증여자)와 자녀(수증자)가 합의하여 증여할 재산 내용과 이행 조건을 정하여 서명 및 날인 하여야 합니다.

또한, 모호하고 추상적인 문구는 가능한 한 피하고 최대한 구체적이고 세부적인 내용으로 기재하여야 합니다.

* 증여자와 수증자가 합의하여 작성하거나, 행정사 / 법무사 / 공증인 등 인근의 법률사무소에 증여자와 수증자가 함께 방문 작성 가능합니다.

효도계약서 작성 내용(예시)

① "한 달에 한 번 이상 부모님의 집을 방문한다."

② "생활비로 매월 200만 원을 부모님이 지정한 계좌로 송금하기로 한다."

③ "부모님이 병원에 입원할 시, 병원비 전액과 간병인 보수를 자녀가 부담한다."

④ "본 계약을 성실히 이행하지 않으면 증여를 해제하기로 한다."

⑤ 기타 증여재산과 관련한 내용과 액수를 정확하게 기입하는 것이 좋습니다.

효 도 계 약 서

● 부동산의 표시

아파트 : ○○시 ○○구 ○○동 ○○아파트 000동 000호

위 부동산은 A 씨의 소유인 바, 증여자 A 씨는 이를 수증자 B 씨에게 증여할 것을 약정하고, 수증자는 이를 수락한다. 단, 수증자는 아래와 같은 부담의무 또는 조건을 감수하고 증여를 받는다.

● 부담 의무 또는 조건

1. 수증자가 결혼하게 되면 증여자의 요청이 있을 경우, 수증자는 위 부동산의 시가를 한도로 증여자에게 매월 (   )원을 생활비 명목으로 입금한다.

2. 노령, 질병 등의 사유로 증여자의 요청이 있을 경우, 수증자는 위 부동산의 시가를 한도로 병원비를 부담한다.

3. 증여자 생전에는 증여한 재산을 제3자에게 처분하지 않는다.

● 부담 의무 또는 조건 불이행 시, 수증자의 의무

위와 같은 수증인의 부담의무 또는 조건이 불이행될 경우 수증자는 그 즉시 증여자에게 증여받는 위 표시 부동산을 반환하여야 한다.

2024년 3월 14일

증여자 : ○ ○ ○ (520000-0000000) 서명(인)
주 소 : ○○시 ○○구 ○○동 00번지

수증자 : ○ △ △ (850000-0000000) 서명(인)
주 소 : ○○시 ○○구 ○○동 00번지

효도계약서 작성하기(증여자와 수증자가 함께 참여, 계약)

효도계약서

년   월   일

증여자 :   서명(인)
주 소 :

수증자 :   서명(인)
주 소 :

효도계약서 작성하기(증여자와 수증자가 함께 참여, 계약)

효 도 계 약 서

년   월   일

증여자 :   서명(인)
주 소 :

수증자 :   서명(인)
주 소 :

12

전하는 자료

추억의 사진 등

중요 문서 (보관 장소) - 저서 / 논문 / 작품 / 계약서 / 기타

축·부의록

기타 자료

이곳에 사진이나 서류 등을 직접 붙이거나, 제목과 내용을 정리하여 기록하고, 양이 많을 경우 별도의 봉투나 박스에 넣어 안전한 캐비닛, 금고, 책상서랍, 서가 등의 장소에 보관하고 그 보관 장소를 이곳에 기록해두는 것이 좋습니다.

- 추억의 사진 등 -

예시

할아버지 회갑 사진

온가족이 모여 〇〇사진관에서

군입대 후 첫 휴가, 동생들과 함께

대학 졸업(1981)

2023년 추석, 작은 집에서

- 추억의 사진 등 -

- 추억의 사진 등 -

– 중요 문서 –

저서 / 논문 / 작품 / 계약서 / 기타

예시

1. 꿈을 이루는 공부 습관(2009년, ○○출판사)

2. 생생공부(2014년, △△도서 출판)

3. 나의 인생 노트(2024년, 도서출판 밥북)

4. 아틀란타 통상주재관 보고서(480P)
 – 자택 서가 서랍 보관

5. 중요 계약 서류
 – 사무실 3번 캐비닛 보관(비밀번호 : 000000)

6. 자작시 원고(A4용지 약 80매 분량)
 – 자택 서가 책상 위 책꽂이 보관

- 중요 문서 -

- 축·부의록 -

본인이 주고받은 각종 경조사 기록을 가족에게 남겨두지 않는다면 본인 사후 자녀들이 곤란을 겪을 수 있습니다. 따라서 그 기록을 반드시 정리하여 남겨두는 것이 좋습니다.

부조한 명단 (1)

일시	종류 (축의/부의)	이름 / 관계 / 연락처	비고 (금액, 물품, 화환, 조화)

부조한 명단 (2)

일시	종류 (축의/부의)	이름 / 관계 / 연락처	비고 (금액, 물품, 화환, 조화)

부조 받은 명단 (1)

일시	종류 (축의/부의)	이름 / 관계 / 연락처	비고 (금액, 물품, 화환, 조화)

부조 받은 명단 (2)

일시	종류 (축의/부의)	이름 / 관계 / 연락처	비고 (금액, 물품, 화환, 조화)

– 기타 자료 –

보관 장소, 위치 설명을 포함해 적습니다.

예시

1. 할아버지로부터 물려 받은 ○○(본관) 김 씨 족보(3권)

- 자택 서가에 보관

2. 7대조 ○○○공 할아버지의 친필 족자와 벼루

- 안방 장롱 아래 서랍에 보관

3. 15대조 ○○○공 할아버지의 이름이 기록된 대과 합격을 증명하는 홍패(임금님이 하사하신 교지)

- 안방 장롱 아래 서랍에 보관

4. 나의 △△고시 합격증과 임명장, 상장 등

- 서재 책상 서랍 서류 가방 속에 보관

5. 이중섭 화가의 「춤추는 가족」 등 그림(2점)

- 사무실 금고에 보관

- 기타 자료 -

- 기타 자료 -

- 기타 자료 -

13

그 밖에
남기고픈 사항들

이 책의 목록에 기재된 사항과 관계없이 본인이 기록하여 알리거나 전하고 싶은 생각들을 적는 곳입니다.

어느 날 문득 내가 남기고 싶은 말이 생각날 때 그 내용과 형식에 상관없이 이곳에 메모처럼 편하게 기록하시면 됩니다.

그 밖에 남기고픈 사항들

예시

1. 내가 떠나고 난 이후에는 지금까지 집에서 지내왔던 나를 포함한 4대조까지의 모든 기제사는 ○○사 절에 맡기고 앞으로는 생략하기 바란다. 그 동안 큰 며느리가 참 고생 많았다. 정말 고맙다.

2. 다만 설, 추석 명절 차례 지낼 때 가족들이 모두 함께 모여서 차례상 앞에서 조상님들에 대한 추모의 시간을 가지면서 가족들이 화목하게 지내는 계기로 삼았으면 좋겠다.

3. 내가 키우던 반려견 '춘자'는 막내딸 ☆☆가 돌봐주길 바라며 고양이 '냥이'는 큰딸 △△이가 돌봐주기를 부탁한다.

4. 내가 운영하던 사무실은 큰아들 ▽▽가 맡아서 정리해주길 바란다. 특별한 채권, 채무는 없으나 사무실 캐비닛과 금고에는 중요 서류와 물건 그리고 디지털 정보(아이디, 비밀번호 등)가 들어 있으니 잘 살펴서 정리해주길 바란다. 내가 거래하는 세무사는 ◇◇세무사무소이고 담당 세무사 이름은 ▼▼▼이다.(010-000-0000)

5. 나의 유언장 원본은 내 서재 책상 서랍에 보관하고 있으며, 만약을 대비해 '안심나라 행정사무소'에도 1부 보관을 의뢰하였다.

* 홈페이지 참조 : www.anshim.co.kr

그 밖에 남기고픈 사항들

그 밖에 남기고픈 사항들

그 밖에 남기고픈 사항들

안심나라는

" 작성, 촬영, 보관 **업무를 통해 당신의** 안심 생활을 도와드립니다. "

사랑의 e쪽지

영상편지 촬영

효도계약

유언서

사전의향서 (5종)

안심나라는 최근 들어 고령인구와 1인 가구 수가 급격하게 증가함에 따라
갑작스러운 사건, 사고, 건강 악화 등에 대비하여 미리 가족과 지인에게 남기는
글이나 영상을 준비하고 보관을 지원하는 온/오프라인 지원 센터입니다.

T. 053-572-0114
www.anshim.co.kr

✚ 응급 시에 대비한 건강 기록

나의 건강 기록(의료사항)

성 명		주민번호	
주 소		전화번호	
키(신장)	cm	몸무게	kg
혈액형		혈 압	

진단받은 질병

복용 중인 약

자주 다니는 병원 (주치의)	기 타

✚ 주의 사항

✓ 아스피린 등 복용 여부 :
✓ 자신이 가진 알레르기 반응 및 주의할 약물 :
✓ 기타 건강상 특이사항 등 :

연명의료에 대한 사전 의견서

본인 _____ 는(은) 보건복지부가 정한 정식의 사전연명의료의향서를 정식으로 □등록하였으며 / □등록하지 않았으며 만약 본인이 갑작스러운 사고로 임종 과정에 있을 경우에는 심폐소생술, 인공호흡기 부착, 수혈, 혈액 투석 등 단순히 생명 연장만을 위한 진료를 거부하며 가족들도 나의 의견을 존중하여 따라 주기를 바랍니다.

* 밑줄 친 부분에 본인 성명을 기입하고 '사전연명의료의향서' 작성 여부의 □ 란에 ☑ 체크 표시를 하세요!

20   년   월   일   이름 :   서명(인)